JN095358

ディス・イズ・アメリカ
「トランプ時代」のポップミュージック

高橋芳朗［著］

TBSラジオ［編］

スモール出版

はじめに

　この本はTBSラジオの番組、「ジェーン・スー　生活は踊る」「アフター6ジャンクション」「荻上チキ・Session-22」「荒川強啓デイ・キャッチ！」「ザ・トップ5」などで放送した音楽特集からアメリカの政治的／社会的トピックに関連する解説を抜粋して再構成し、さらに音楽メディアに寄稿したコラムや評論、書き下ろしを加えて書籍化したものです。激動する近年のアメリカ社会のなかでポップミュージックはなにを歌ってきたのか、2014年から2020年上半期までの動向を世界最高峰の音楽賞「グラミー賞」を軸にして時系列でまとめています。

　しばしば日本ではミュージシャンが政治的発言をすること、作品で政治的題材を扱うことの是非が議論になりますが、アメリカにおいては是非もなにもなくそれが当たり前のことになっています。特に近年、黒人差別と警官の暴力に抗議する社会運動「Black Lives Matter」（黒人の命を軽視するな）が広く認知され始めた2014年、そして人種差別や女性蔑視などの問題発言を繰り返したドナルド・トランプがアメリカ大統領選に勝利した2016年ごろからは、ミュージシャンが政治的／社会的メッセージを発信する機会が急増しています。

　本書は、そんな混迷するアメリカの社会情勢のなかで不正を告発し、人権の尊重を訴え、偏見や差別の撤廃を求めたミュージシャンたちの闘いの記録です。扱われているテーマは、LGBTQ、黒人差別、移民排斥、フェミニズム、ボディポジティブ、銃規制、気候変動など。声を上げたミュージシャンのなかには日本でもよく知られているアメリカの国民的なスターも多く、彼らのメッセージが実際に社会を動かすケースも少なくありません。

こうしたミュージシャンたちの取り組みは、日本で暮らす私たちにも大きな勇気を与えてくれると思います。本書でも紹介しているビヨンセのドキュメンタリー映画『Homecoming: A Film by Beyoncé』(2019年)では、彼女を歴史的な「コーチェラ・フェスティバル」のステージに向かわせた動機として黒人女性作家マヤ・アンジェロウの言葉が引用されていますが、これは私たちが生きていくうえでもひとつの指針になりうるでしょう。インタビュアーから次の世代へのアドバイスを求められたアンジェロウは、こんなふうに答えています。

「真実を語ること。まず自分に。そして子供にも。それから、いまを生きること。過去を否定しないこと。この国をいまより良くする責任が自分にあると知ること」

　巻末には、本書で紹介している楽曲のプレイリストを掲載しています。サブスクリプションサービスなどを利用して、実際に音楽を聴きながら読んでもらえると幸いです。

2020年9月　高橋芳朗

CONTENTS

CONTENTS

Same Love 〜すべてが平等の愛 LGBTQ の権利を求める歌

2014年／第56回グラミー賞授賞式

「荻上チキ・Session-22」（2014年01月29日放送）

現役米大統領による初の同性婚容認発言

　2014年1月16日、ロサンゼルスのステイプルズ・センターで開催された第56回グラミー賞授賞式。今回のセレモニーの傾向を端的に言うならば、LGBTQを題材にした作品、LGBTQをサポートする作品が目立った印象がありました。おそらく、この背景には近年のバラク・オバマ大統領による同性婚支持の動きがあるのでしょう。2012年5月、オバマ大統領はアメリカABCテレビのインタビューで「同性婚を認めるべき」という旨のコメントをしましたが、現役のアメリカ大統領が公の場で同性婚を容認する発言をしたのはこれが初めてのことでした。

　その後2013年1月、オバマ大統領は2期目の就任演説で改めて同性婚支持を表明。この発言に対してはレディー・ガガ（Lady Gaga）をはじめ、ジャスティン・ティンバーレイク（Justin Timberlake）、ジャネール・モネイ（Janelle Monáe）、マルーン5（Maroon 5）のアダム・レヴィーン（Adam Levine）、シンディ・ローパー（Cyndi Lauper）ら多くのアーティストが賛同しています。同年の6月にはアメリカの連邦最高裁が全米のすべての州で**同性婚を合憲とする判決**を下しましたが、こうした状況がLGBTQ関連の作品を評価する機運を高めていったのはまちがいないでしょう。

● **同性婚を合憲とする判決**
2015年6月26日、アメリカ合衆国連邦最高裁判所は、国内のすべての州での同性結婚を認める判決を出した。これにより、アメリカ合衆国において同性婚のカップルは異性婚のカップルと平等の権利を得ることになった。2020年現在、同性婚及び登録パートナーシップなど、同性カップルの権利を保障する制度を持つ国／地域は世界中の約20％にとどまっている（「NPO法人 EMA日本」調べ）。

　ここでは、今回のグラミー賞の受賞作や授賞式でパフォームされた楽曲からLGBTQをテーマにした作品を3曲紹介したいと思います。

ヒップホップ発、同性婚サポートソング

　まずはマックルモア＆ライアン・ルイス (Macklemore & Ryan Lewis) の「Same Love」。このふたりは、ワシントン州シアトルで2008年に結成された白人ヒップホップデュオ。2012年に「Can't Hold Us」と「Thrift Shop」の2曲の全米ナンバーワンヒットを放って一躍ブレイクしました。彼らは今回のグラミー賞で最優秀新人賞や最優秀ラップアルバム賞など計4部門を受賞。これは最多受賞となったダフト・パンク (Daft Punk) の5部門（最優秀レコード賞、最優秀アルバム賞、最優秀ポップデュオ／グループ賞、最優秀ダンス／エレクトロニカ賞、最優秀エンジニアアルバム賞）に次ぐ成果でした。

　惜しくも受賞は逃したものの、最優秀楽曲賞にノミネートされていた「Same Love」はマックルモア＆ライアン・ルイスのアルバム『The Heist』の収録曲。これは2012年2月、マックルモアが彼の地元ワシントン州で同性婚法が成立したことにインスピレーションを得てつくったものです。マックルモアをこの曲の制作に向かわせた動機には彼のおじさんがゲイだったこともあるようで、そんな経緯から「Same Love」のシングルのジャケットにはそのおじさんと彼のパートナーのポートレイトが使われています。

マックルモア＆ライアン・ルイス
「Same Love」（2012年）

「Same Love」が注目を集めた理由としては、先ほど触れたような同性婚を容認する時代の風潮はもちろん、ヒップホップアーティストがLGBTQをサポートする曲をつくること自体が極めて異例だったことが挙げられます。メジャーレーベルに所属するようなアーティストとしては、ほぼ前例はないといっていいでしょう。

これはなぜかというと、マチズモ(男性優位主義)がはびこるヒップホップの世界ではいまだにホモフォビア(同性愛嫌悪)が根強く、そんななかでLGBTQを支持する声を上げることは大きなリスクを伴うことになるからです。大げさに聞こえるかもしれませんが、LGBTQへのサポートを表明することでシーンからの反発を受け、キャリアに支障をきたしたりアーティスト生命をおびやかすような事態にもなりかねない。マックルモア&ライアン・ルイスは、そんな状況もかえりみず「Same Love」のリリースに踏み切ったというわけです。ただ、同時期にはジェイ・Z (Jay-Z)、T.I.、50セント (50 Cent) といった大物ラッパーがオバマ大統領の同性婚容認発言に賛意を示したほか、ヒップホップクルー「オッド・フューチャー」(Odd Future Wolf Gang Kill Them All) に所属するシンガーソングライターの**フランク・オーシャン (Frank Ocean) がカミングアウト**するなど、ヒップホップ界のLGBTQに対する意識が大きく変わり始めた時期ではありました。

立ち上がるときはいま

「Same Love」の歌詞を書くにあたって、マックルモアはどういうスタンスで臨むべきかたいへん悩んだそうですが、タイトルに込められた「不安や恐れを取り除けばそこには同じ愛 (Same Love) がある」というメッセージなど、彼の誠実な態度に胸を打たれる実に感動的な内容になっ

● **フランク・オーシャンのカミングアウト**
2012年7月、大型新人アーティストとして注目を集めていたフランク・オーシャンが「初恋の相手は男性であった」ということを公表した。彼は「カミングアウトをした日の夜は、赤ん坊のように泣いた」とメディアに打ち明けている。

ています。マックルモアはまず曲の冒頭、子供のころLGBTQに対して偏見を抱いていたことを打ち明けます。

> 小学生のころ、俺は自分がゲイだと思っていた／だって絵を上手に描くことができたし、おじさんがゲイだったし、部屋もキレイに片付けていたから／涙ながらに母親に「僕はゲイなのかな？」と訴えたら「あなたは幼稚園のころからずっと女の子が好きだったよ」って／それで自分が先入観に囚われていたことに気がついたんだ

アートのセンスに長けていてキレイ好き、というのはアメリカにおけるゲイのステレオタイプ。導入はちょっとユーモラスなところがありますが、このあとはぐっとシリアスなトーンに移行してアメリカ社会の暗部を糾弾していきます。

> 同性愛は生まれつきのものなのに、保守派の人々はそれが彼ら個人の性格によるもので治療すれば治ると思ってる／人間本来の性質を人為的に変えようとしているんだ／「勇敢なアメリカ」なんて言うくせに、自分たちが理解できないもの、未知なものをいまだに怖れてる／神様は誰にでも分け隔てなく愛を与えてくれるはずなのに、3500年前に書かれた本（旧約聖書）を自分たちの都合のいいように言い換えてるんだ

さらにマックルモアは、ヒップホップカルチャーのホモフォビアについても言及。この勇気ある提言を経て、曲はいよいよクライマックスに向かっていきます。

> もし俺がゲイだったら、きっとヒップホップに嫌われていただろう／YouTubeのコメント欄には毎日のように「なんだよ、ゲイみたいだな」なんてコメントが書き込まれてる／ヒップホップは抑圧への抵抗から生まれた文化だったはずなのに、俺たちは同性愛者を受け入れようとしない／みんな相手を罵倒するときに「ホモ野郎」なんて言うけれど、ヒップホップの世界ではそんな最低な言葉を使っても誰も気に留めやしない／

> 俺はゲイじゃないかもしれないが、そんなことは**重要じゃない**／すべての人々が平等にならない限り、**自由はないんだ**／俺は全面的に支持するよ／**再生ボタンを押すんだ**／一時停止じゃない／前を向いて、さあ行進しよう／俺のおじさんたちが法律によって結ばれる、その日まで／もちろん、紙によって証明されたところでなにもかもが解決するわけじゃない／でも、出だしとしては上々だ／法律では俺たちは変わらない／俺たち自身が変わっていかなくちゃいけない／信じる神がなんであれ、俺たちはひとつ／恐怖を払いのけた先にあるのは、すべてが平等の愛／立ち上がるときはいまなんだ

　まるで、ひとつの名演説を聴き終えたような高揚感があるマックルモア渾身の「Same Love」。ここではその一部を紹介しましたが、機会があればぜひ全編の歌詞を読んでみてください。

グラミー史に残る合同結婚式

　「Same Love」についてさらに補足しておくと、ゲストボーカルとしてフィーチャーされている女性シンガーはマックルモアと同郷シアトル出身、レズビアンでLGBTQアクティビストでもあるメアリー・ランバート (Mary Lambert)。彼女は「Same Love」がヒットしたあとの2013年7月、その「Same Love」のサビのフレーズを引用したシングル「She Keeps Me Warm」を発表しています。タイトルからもうかがえる通り、この曲も題材はLGBTQ。「彼女が言うの／みんなが私たちのことをジロジロ見てくるのはふたりが最高にお似合いのカップルだからだって／もう日曜日に教会に行っても泣いたりしない／愛は忍耐強く、やさしいものだから／彼女だけが私をあたためてくれる／彼女こそが私のぬくもり」と歌い上げる切実な歌詞は、「Same Love」のメッセージに奥行きを生み出すことにつながっています。

　また、「Same Love」の曲中で鳴っている穏やかなピアノのフレーズはカーティス・メイフィールド (Curtis Mayfield) が在籍していたR&Bボー

カルグループ、インプレッションズ (The Impressions) の1965年のヒット曲「People Get Ready」をサンプリングしたもの。この曲は60年代の**公民権運動**を象徴するプロテストソングで、マックルモアがラップする「The same fight that led people to walk-outs and sit-ins」（これは行進や座り込みで応戦した公民権運動と同じ戦いなんだ）という歌詞と見事にリンクしています。このあたりの曲のバックグラウンドを踏まえた引用も含め、「Same Love」はメッセージソングとして非常に緻密な構造をもった曲といえるでしょう。

　今回のグラミー賞授賞式において、マックルモア＆ライアン・ルイスはこの「Same Love」を披露しました。これがなんとも粋な演出を交えたパフォーマンスで、主催者は会場に同性／異性を交えた計34組のカップルを招待。「Same Love」は彼らの合同結婚式を祝福するウェディングソングとしてパフォームされたのです。大団円には、これまでのキャリアを通じてLGBTQを支援してきたマドンナ (Madonna) がサプライズで登場。自身の1986年のヒット曲「Open Your Heart」を歌ってセレモニーに華を添えました。34組の婚姻はカリフォルニア州の結婚立会人資格を持つラッパー／歌手のクイーン・ラティファ (Queen Latifah) によって公式な結婚と認定されるなど、細部への配慮も怠りなし。これはグラミー賞の歴史に残るステージとして語り継がれていくことになるでしょう。

● **公民権運動**
アメリカにおいて人種差別を禁止する「公民権法」(Civil Rights Act) の成立を要求する運動のこと。これによって法律上の差別は禁止されたが、社会のシステムとしての差別や、個人レベルでの偏見は現在に至るまで根深く残っている。

インプレッションズ
『People Get Ready』（1965年）

13

カントリーミュージックとLGBTQ

　続いて紹介するのは、ケイシー・マスグレイヴス（Kacey Musgraves）の「Follow Your Arrow」。これは彼女のメジャーデビューアルバム『Same Trailer Different Park』の収録曲です。ケイシーは1988年生まれ、テキサス出身のカントリーシンガー。このアルバムが全米カントリーチャートで1位を獲得したことにより脚光を浴びた彼女は、今回のグラミー賞で最優秀新人賞など4部門にノミネート。最優秀カントリーアルバム賞と最優秀カントリーソング賞の2部門を受賞しています。

　先ほどマックルモア＆ライアン・ルイスの「Same Love」を紹介した際、ヒップホップのマッチョな世界ではホモフォビアが根強く、LGBTQ支持を表明することは非常に大きなリスクを伴うという話をしましたが、それはカントリーミュージックに関しても同じことがいえます。アメリカでカントリーの人気が高いのは、中西部から南東部の「バイブルベルト」と呼ばれる**キリスト教保守派**が多い地帯。このエリアでは同性愛を嫌悪する傾向が依然強く、カントリーのアーティストがLGBTQへのサポートを表明すると彼らから激しいバッシングを受ける恐れがあります。

ケイシーはバイブルベルトに含まれるテキサス州の出身ですが、2003年には同じテキサスのカントリーバンド、ディクシー・チックスがイラク戦争に踏み切った共和党のジョージ・W・ブッシュ大統領を批判したことにより保守層の

ケイシー・マスグレイヴス
『Same Trailer Different Park』
（2013年）

猛反発を浴びています。彼女たちはカントリー系のラジオ局から閉め出しをくらったのに加え、CDの廃棄運動が行われるなど、満足な活動ができない状態にまで追い込まれてしまいました。この一件以降、カントリーのアーティストにとって保守層を刺激するような言動は御法度とされていますが、ケイシーの「Follow Your Arrow」はそんななかから生まれたヒット曲になります。

自分の好きなように生きよう

「Follow Your Arrow」のタイトルは直訳すると「あなた自身の矢を追いかけろ」となりますが、これはつまり「自分の好きなように生きよう」という意味。保守的な環境で、旧来的な価値観を押し付けられている若者を解放するメッセージソングになっています。

> *結婚するまで純潔を守ったら退屈なひと／守らなかったら売春婦呼ばわり／まったくお酒を飲まなかったらお堅いひと／でも、一杯でも飲んだら酔っ払い扱い／ダイエットできなかったらただのデブ／でもやせすぎたらヤク中だって／やってもダメだし、やらなくてもダメ／だったらきっとやったほうがいい／あなたが望むことならなんだって*

> *だから大騒ぎしよう／キスしたかったらすればいい／男の子だろうと、女の子だろうと／もしそうしたいと思うならね／品行方正な生き方が窮屈になってきたら、マリファナでも吸えばいいよ／別にやらなくてもいいけどさ／ただあなたの心の矢を追いかければいい／それがどこに向かおうとも／あなた心の矢に従うの／たとえどこに飛んでいっても*

● キリスト教保守派
伝統的なキリスト教の信仰と実践に重きを置く人々のことを指す。反同性愛や反中絶の立場を取ることが多く、因習などに囚われないリベラル派とはしばしば対立する。一般的にドナルド・トランプの支持基盤とも言われている。

あえてそういうアプローチをとったのかもしれませんが、「Follow Your Arrow」は体裁こそオーソドックスなカントリーソングながら、こと歌詞に関してはなかなかに攻めた内容といっていいでしょう。実際、ケイシーは所属レーベルから「この曲をシングルとして出すのはラジオでのエアプレイにおいて自殺行為だ」と忠告されたそうですが、彼女は「リスクをとる価値がある」とリリースを強行。結果、ラジオでは予想通り冷遇されたものの、全米カントリーチャートで最高10位をマークするヒットを記録。2014年のCMAアワード（カントリーミュージック協会賞）では見事最優秀楽曲賞を受賞するなど、カントリー界に新風をもたらしました。

　今回のグラミー賞授賞式でケイシーは「Follow Your Arrow」をパフォームしましたが、実は彼女が最優秀カントリーソング賞を受賞した楽曲は同じアルバムに収録された「Merry Go 'Round」。それでもあえて「Follow Your Arrow」を歌ったあたりに、ケイシーのアーティストとしての矜持、そして今回のグラミー賞の気分がよく表れていると思います。

正直で勇敢なあなたを見たい

　最後はサラ・バレリス（Sara Bareilles）の「Brave」。彼女は1979年生まれ、ロサンゼルス出身のシンガーソングライター。2013年の時点ですでに10年近いキャリアがあるアーティストです。

　サラ・バレリスは今回のグラミー賞で最優秀アルバム賞と最優秀ポップソロパフォーマンス賞の2部門にノミネート。惜しくも受賞は叶いませんでしたが、授賞式では大御所シンガーソングライターのキャロル・キングとのコラボで彼女の名曲「Beautiful」と共に「Brave」を披露しました。

　マイクロソフトのCMにも使用されていた「Brave」は、サラがLGBTQをカミングアウトすることに躊躇していた友人に向けて書いた曲。そんな背景から現在ではLGBTQアンセムになりつつあるようです。タイトルの「Brave」には「勇敢な」「立派な」などの意味がありますが、

歌詞は先ほど取り上げたケイシー・マスグレイヴスの「Follow Your Arrow」にも通底するエンパワメントソングになっています。

> あなたは素敵な人になることができる／言葉を武器にも薬にも変えることができる／社会のはみ出し者にされることも、愛に飢えた人たちから反発を受けることもあるかもしれないけど、でも自分の意見を主張することだってできる／言葉以上にあなたを傷つけるものはない／その言葉は肌の下に染みついたら、心のなかにとどまり続けて光を奪っていく／ときには暗闇に覆われることもあるかもしれない／でも、私はなにかが起きるんじゃないかって思ってる／言いたいことを言おう／すべて吐き出して／正直で勇敢なあなたを見たい／言いたいことを言って／なにもかもぶちまけて／正直で勇敢なあなたを見たいから

　サラ・バレリスはレズビアンの恋愛を題材にした2004年公開の映画『彼女が彼女を愛する時』に出演した過去もあり、それがまた「Brave」のメッセージに説得力をもたらしているところもあるのでしょう。ちなみに彼女、2011年5月に来日公演を開催した際には東日本大震災の被災地に自ら足を運んでボランティア活動を行っています。

　以上3曲、LGBTQを扱った作品がグラミー賞の授賞式で3曲もパフォームされたことの意義は途轍もなく大きなものがあると思います。これが今後のポップミュージックの動向にどのような影響を及ぼすことになるのか、引き続き注目していきましょう。

サラ・バレリス
『The Blessed Unrest』（2013年）

Black Lives Matter
継承される黒人差別との闘い

2015年／第57回グラミー賞授賞式

「荻上チキ・Session-22」（2015年2月12日放送）

大型新人、サム・スミスが最多受賞

　第57回グラミー賞授賞式は2015年2月8日、例年通りロサンゼルスのステイプルズ・センターで開催されました。今回の注目ポイントは、主要4部門（最優秀レコード賞、最優秀アルバム賞、最優秀楽曲賞、最優秀新人賞）を含む最多の6部門でノミネートされていたロンドン出身のシンガーソングライター、サム・スミス（Sam Smith）。大型新人と謳われた22歳（当時）の彼が何部門受賞するかがひとつの焦点になっていました。

　結果は、大方の予想通りサム・スミスが圧倒的な強さを見せつけました。1980年の第23回グラミー賞でクリストファー・クロス（Christopher Cross）が達成して以来となる「主要部門制覇」は叶いませんでしたが、彼は主要3部門を含む最多の4部門を受賞（最優秀レコード賞、最優秀楽曲賞、最優秀新人賞、最優秀ポップ・ヴォーカルアルバム賞）。このサムの快進撃の背景としては彼の音楽自体の素晴らしさはもちろん、昨年の授賞式の余韻が続いているようなところもあるのではないかと考えています。

サム・スミスのデビューアルバム
『In The Lonely Hour』（2014年）

僕に失恋を経験させてくれてありがとう

　1年前にお伝えした通り、前回の第56回グラミー賞授賞式では同性婚合憲の動きからLGBTQをサポートする作品を評価しようという気運が高く、それがセレモニー全体のムードを決定づけていた印象がありました。そんな流れと関係があるかはわかりませんが、実は今回の主役であるサム・スミスもデビュー直後に自身が同性愛者であることをカミングアウトしています。彼はLGBTQを取り巻く状況への問題意識も非常に高く、この授賞式直前の2月5日には「Lay Me Down」のミュージックビデオ公開に合わせてこんなステートメントを発表しました。

> 「このミュージックビデオでは僕の夢を表現しているんだ。それはストレートの人たちがそうであるように、すべてのゲイ、レズビアン、トランスジェンダーが、世界中のどの国どの街でも結婚できるようになること。誰もが人生を謳歌できるようになる日が訪れることを願っているよ」

　こうしたメッセージを発信しているサム・スミスが最多受賞を果たしたとなると、そこはやはり昨年のグラミー賞授賞式の興奮と感動が甦ってきます。さらにサムは、今回の受賞作品となったアルバム『In the Lonely Hour』が彼の実際の失恋体験からインスピレーションを得ていることにちなんで、スピーチでこんなエピソードを打ち明けています。

> 「今回の受賞に貢献してくれた、ある男性に感謝の言葉を伝えたいと思います。僕に失恋を経験させてくれて本当にありがとう。君が僕に4つのグラミーをとらせてくれたんだよ。このアルバムをつくる前、僕は自分の音楽をひとりでも多くの人に聴いてほしくて試行錯誤していました。減量に励んだりして、ひどい音楽をつくっていたんです。でも、自分自身をさらけ出せるようになってからは音楽が流れるように生まれてきてたくさんの人々が僕の音楽に耳を傾けてくれるようになりました。僕の個性を受け入れてくれた皆さんに心から感謝します」

カミングアウトすることによって、自分の音楽の受け止められ方が大きく変わったことをグラミー賞の大舞台で告白したサム。自分が同性愛者であることにさりげなく触れつつ、同時に性的マイノリティの人々を勇気づけようとした彼の振る舞いには胸を打つものがありました。

性的指向はごく自然に備わっていくもの

サム・スミスの「Stay With Me」と共に最優秀楽曲賞にノミネートされたアイルランドのシンガーソングライター、ホージア (Hozier) の「Take Me To Church」も、去年のグラミー賞の余波を強く感じさせる作品といえるでしょう。この曲はロシアにおけるホモフォビア (同性愛嫌悪)、具体的には**ロシアの反同性愛法**を題材にしてつくられた曲で、ミュージックビデオはゲイの男性がリンチされるさまを描いたたいへんショッキングな内容になっています。ホールジーは『The Cut』のインタビューで「Take Me To Church」についてこんなコメントをしていました。

> 「『Take Me To Church』は本質的にはセックスについての歌だが、同時に人間らしさについての歌でもある。セクシャリティや性的指向というものはごく自然に備わっていくもので、セックスは最も人間らしい行為のひとつ。にもかかわらず、教会のような組織は教義を通して性的指向を恥ずかしいものだと教えて、人間らしさを損なわせていく。これはとても罪深く、神の意志にも反するものだ。だからこの曲では自分を主張して、セックスを通して人間らしさを取り戻すことを歌っている」

● ロシアの反同性愛法
2013年に制定された同性愛宣伝禁止法のこと。「"非伝統的な性的関係"を未成年者に知らしめる行為」を禁止している。近年のロシアでは反同性愛の気運が高まっており、宣伝禁止法以外にも、国外の同性婚カップルがロシアの子供を養子にすることを禁じる法律がある。

「Take Me To Church」収録アルバム
ホージア『Hozier』（2014年）

黒人の命を軽視するな

　今回のグラミー賞では昨年から続くLGBTQに加えて、もうひとつ大きなテーマがありました。そんなセレモニーの気分を象徴していたのが、最優秀アルバム賞のプレゼンターとして登壇したプリンス（Prince）のスピーチです。彼はマイクの前に立つと、こんなことを人々に問い掛けました。

> 「みんな、アルバムを覚えてる？　アルバムはまだ大切だ。書物や黒人の命と同じように、アルバムはまだ大切なものなんだよ」（Albums, remember those? Albums still matter. Like books and black lives, albums still matter.）

　数々の傑作コンセプトアルバムを生み出してきたプリンスだからこその重みを伴う言葉として、この発言はとても大きな反響を集めました。近年ダウンロード販売やストリーミング配信が主流になってきたことを受けてアルバム単位での表現や評価が衰退していくなか、アルバムの存在意義を改めて世に問うた素晴らしいスピーチだと思います。そして、このプリンスのスピーチにはもうひとつ非常に重要なメッセージが込められています。プリンスがここで失われつつあるもの、あるいは軽視さ

れつつあるものとして、アルバムや書物と一緒に「黒人の命」(black lives) を挙げていることに注目してください。これはアメリカン・ダイアレクト・ソサエティー (American Dialect Society／アメリカ方言学会) が2014年の「今年の言葉」に選出した「Black Lives Matter」(黒人の命を軽視するな) に呼応しています。

相次ぐ警官の蛮行に対する抗議運動

「Black Lives Matter」という言葉の起源は2012年2月、フロリダ州サンフォードで17歳の黒人少年トレイヴォン・マーティンが自警団員のジョージ・ジマーマンに射殺された「**トレイヴォン・マーティン射殺事件**」に端を発しています。翌2013年7月にジマーマンに無罪判決が下された際、それを不服とする活動家アリシア・ガルザがFacebookに投稿した抗議文に含まれていたフレーズ「Black Lives Matter」がハッシュタグとして拡散。その後、2014年7月のニューヨーク州スタテンアイランドでの**エリック・ガーナー窒息死事件**、8月のミズーリ州ファーガソンでの**マイケル・ブラウン射殺事件**など、黒人への相次ぐポリスブルータリティ (警官による蛮行) に対するデモ行進によって世界的に認知されるようになりました。現在「Black Lives Matter」は全米各地に30ケ所以上のネットワークを設立、全国的な人権運動／社会運動として規模を拡大しています。

● **トレイヴォン・マーティン射殺事件**
2012年2月26日、当時17歳だったトレイヴォン・マーティンが殺害された事件。マーティンは父親の知人宅に徒歩で向かう途中、ジョージ・ジマーマンと口論になり、射殺された。ジマーマンは正当防衛を理由に、事件の発生から1ケ月以上も逮捕されず、公判では無罪となった。

● **エリック・ガーナー窒息死事件**
2014年7月17日、当時43歳だったエリック・ガーナーが警察官ダニエル・パンタレオに窒息死させられた事件。ガーナーはニューヨーク市内の路上で、違法にタバコを販売した疑いで逮捕された。抵抗するガーナーを複数の警察官が押さえ込み、パンタレオが彼の首を絞め上げたことでガーナーは意識を失い、搬送先の病院で死亡した。

● **マイケル・ブラウン射殺事件**
2014年8月9日、当時18歳の黒人少年マイケル・ブラウンが警察官ダレン・ウィルソンに射殺された事件。事件が起こったとき、ブラウンは丸腰であったが、ウィルソンともみ合いになり、発砲されてその場で死亡した。

2014年のグラミー賞のテーマを「LGBTQ」とするならば、2015年のテーマはこの「Black Lives Matter」といっていいでしょう。つまりグラミー賞は2年にわたってマイノリティの差別や人権にスポットを当てたわけですが、今回は主催者の意図を超えてアーティストが自発的に率先してセレモニーをメッセージ性の強いものへと引っ張っていった印象を受けました。受賞作品やノミネート作品ではなく、先述したプリンスのようなアーティストのスピーチやパフォーマンスによって「Black Lives Matter」のテーマが浮き彫りになっていった格好です。

手を上げるから撃たないで

今回の授賞式の大団円を飾ったパフォーマンスは、R&Bシンガーのジョン・レジェンド（John Legend）とラッパーのコモン（Common）の共演による「Glory」でした。最優秀ビジュアルメディアソング賞を受賞したこの曲は、マーティン・ルーサー・キング・ジュニア牧師の伝記映画『グローリー／明日への行進』（2014年）のテーマソング。この1月に開催された第72回ゴールデングローブ賞でも主題歌賞を受賞しています（註：グラミー賞の翌週2月22日に開催された第87回アカデミー賞でも最優秀歌曲賞を受賞）。

この「Glory」は『グローリー／明日への行進』のために書き下ろされた曲ではありますが、実はキング牧師や公民権運動にととどまらずファーガソンで起きたマイケル・ブラウン射殺事件にも言及しています。今回グラミー賞が「Black Lives Matter」のムーブメントにどのような意志表示をするか、個人的にとても注目していたのですが、そのスタンスは「Glory」をフィナーレにもってきた構成にわかりやすく表れていると思います。

●『グローリー／明日への行進』
2014年公開、エイヴァ・デュヴァーネイ監督作。公民権運動を指導したマーティン・ルーサー・キング・ジュニア牧師の人生と、1965年にアラバマ州の都市セルマで起こった「血の日曜日事件」を描く。「血の日曜日事件」とは、キング牧師を中心とする公民権運動家たちがデモ行進を行ったところ、彼らに対し、警官隊が暴行をはたらいた出来事を指す。

コモン ＆ ジョン・レジェンド
「Glory」（2014年）

　授賞式は大団円の「Glo-ry」に集束していくようなかたちで、さまざまなアーティストがスピーチやパフォーマンスを通して「Black Lives Matter」のメッセージを訴えつつ進行していきました。たとえば、今回最優秀ポップソロパフォーマンス賞など3部門を受賞したファレル・ウィリアムス（Pharrell Williams）は受賞作である自身の大ヒット曲「Happy」をパフォームしましたが、ここで彼は本来軽快な「Happy」を重厚なアレンジで披露。さらに曲の途中で大勢のバックダンサーと共に両手を上げてフリーズするジェスチャー、一連の「Black Lives Matter」のデモで知られるようになった「Hand's Up, Don't Shoot」（手を上げるから撃たないで）を取り入れて無抵抗の黒人が白人警官によって殺害されていく理不尽な現状に抗議しました。

　ファレル・ウィリアムスが行った「Hand's Up, Don't Shoot」は、続くビヨンセ（Beyoncé）のパフォーマンスにも引き継がれていくことになります。彼女は聖歌隊を従えてマヘリア・ジャクソン（Mahalia Jackson）の名唱で知られるゴスペルのスタンダード「Take My Hand, Precious Lord」をパフォームしましたが、その途中、突如聖歌隊が一斉に両手を上げるジェスチャーを行ったのです。この「Take My Hand, Precious Lord」がキング牧師お気に入りの一曲であったことも含め、フィナーレの「Glory」に向けて最高のお膳立てを整えたビヨンセのステージでした。

● Hands Up, Don't Shoot
マイケル・ブラウン射殺事件以降に広まったジェスチャーとスローガンのこと。文字通り両手を宙に上げて、丸腰であることをアピールし、警察官による暴力行為を非難する意味がある。

あの山の頂を目指して

　こうした流れもあって、大団円のコモンとジョン・レジェンドによる「Glory」は主催者側の思惑以上に感動的に、かつ重く響くことになったのではないでしょうか。先ほども触れたように、この曲はキング牧師の伝記映画の主題歌になるわけですが、歌詞自体は公民権運動から「Black Lives Matter」に至る黒人差別の闘いの歴史をつなぐ壮大な内容になっています。コモンのラップパートの一部を紹介しましょう。

> *ひとりの男が死んだ／彼の魂は我々のもとに帰ってくる／我々のなかには真実と生命が息づいている／抵抗する意志だってある／だからローザ・パークスはバスで白人専用の座席に座った／だから我々は両手を掲げてファーガソンを行進する／たとえ打ちのめされても、我々は前を向く／警官に「下がれ」と言われても、我々は立ち上がる／銃声が鳴って地面に伏せてもカメラは上を向く／キング牧師がたどりついた、あの山の頂を目指して我々は駆け上がる*

　この部分の歌詞は基本的に韻を「us」(我々) と「up」(立ち上がる) だけで踏んでいくのですが、極端にシンプルなライミングが聴く者の心を鼓舞する効果をもたらしています。ある意味、韻にメッセージが込められているといってもいいでしょう。もちろん、「キング牧師がたどりついた山の頂」は、あまりにも有名な彼の最後の演説「I've been to the mountaintop」(私は山の頂に達した) にかけたものになっています。

● ローザ・パークス
1913年生まれの公民権運動活動家。「ジム・クロウ法」と呼ばれる人種分離法が施行されていた1955年のアラバマ州モンゴメリーで、バスの「白人用座席」に座っていたパークスは、白人の乗客に席を譲るようドライバーに促されたが、席を立つことを拒否し、逮捕された。これを機に人種差別への抗議運動が始まったとされる。2005年没。

いつか自由になれる日がくる

　この「Glory」の出だしの歌詞は「One day when the glory comes」(いつの日か栄光は訪れる) ですが、1960年代以降現代に至るまで、こうした人種差別を題材にしたソウルミュージックの歌詞に必ずといっていいほど出てくるワードが「いつか自由になれる日がくる」「いつか変革の日が訪れる」などの文脈で使われる「someday」と「one day」です。これはつまり公民権運動のころから現在の「Black Lives Matter」まで、アメリカの人種差別をめぐる状況がほとんど改善されていないことを意味しています。そういえば、キング牧師の有名な「I have a dream」(私には夢がある) の演説も基本的には「I have a dream that one day」のフレーズの繰り返しでした。

　そんなことを踏まえて繰り返し「Glory」を聴いていると、やはり「Black Lives Matter」は60年代の公民権運動、70年代のブラックパワーの意志を継承するムーブメントという印象が強まってきます。そして、ここにプリンスの「アルバムはまだ大切。書物や黒人の命と同じように、アルバムはまだ大切なものなんだよ」というスピーチを重ね合わせると、公民権運動やブラックパワーの隆盛には当時のソウルミュージックが非常に重要な役割を果たしていたことに改めて気づかされます。

● 「I have a dream」演説
1963年8月28日に、リンカーン記念館の階段上でキング牧師が行った演説のこと。人種間の平等と、差別の終焉を呼びかけた。歴史に残る名演説と言われている。

● ブラックパワー
1960年代に盛んに用いられた、黒人差別に対する抵抗のスローガン。「アメリカ社会において黒人が白人と平等の立場に立つためには、黒人が経済的／社会的な権力（パワー）を獲得しなければならず、そのためには暴力の行使をも辞さない」という強硬な思想を意味する言葉でもある。

社会運動を支えたソウルの名盤

公民権運動やブラックパワーが盛り上がった1960年代後半から1970年代前半は、当時の社会情勢を反映してソウルミュージックも大きな変動期を迎えていました。そんな状況のなかでつくられたのが、社会的メッセージを強烈に打ち出した数々の傑作アルバムでした。スライ＆ザ・ファミリー・ストーン（Sly & The Family Stone）『Stand!』（1969年）、マーヴィン・ゲイ（Marvin Gaye）『What's Going On』（1971年）、ギル・スコット・ヘロン（Gil Scott-Heron）『Pieces of a Man』（1971年）、ダニー・ハサウェイ（Donny Hathaway）『Extension of a Man』（1973年）、スティーヴィー・ワンダー（Stevie Wonder）『Innervisions』（1973年）、カーティス・メイフィールド『Back to the World』（1973年）など。彼らの音楽は民衆を鼓舞し、ときには運動を強く後押しすることもあったようです。

そう考えるとプリンスの「アルバムはまだ大切だ。書物や黒人の命と同じように、アルバムはまだ大切なものなんだよ」というスピーチは、1960〜1970年代に数々の素晴らしいアルバムが社会運動を支えていたことに裏打ちされたものともいえるでしょう。そしてそれは、彼なりの同胞への呼び掛けにも思えます。かつてのソウルミュージックが果たしたような役割を、いまこそ我々が担うべきである、と。

実際、「Black Lives Matter」ムーブメントを受けての2015年のブラックミュージックはまちがいなく目が離せないものになるでしょう。きっと「ブラックであること」に正面から向き合った作品が増えてくると思いますが、その萌芽は今回のグラミー賞にもすでに表れています。

I love myself〜自尊心の大切さ

by: KENDRICK LAMAR

ケンドリック・ラマー
「i」（2014年）

　そんな作品のひとつとして紹介したいのが、コンプトン出身のラッパー、ケンドリック・ラマー（Kendrick Lamar）の「i」。この曲は今回のグラミー賞で最優秀ラップソング賞など2部門を受賞しています。

　2012年リリースのメジャーデビューアルバム『Good Kid, M.A.A.D City』がアメリカで140万枚を超えるセールスを記録して一躍注目を集めたケンドリック・ラマーは、まだメジャーでのアルバムは一枚のみながら現在のUSヒップホップシーンにおける実質的なエースといっていいでしょう。この「i」は、そんな彼がまもなくリリースを予定しているセカンドアルバムからの先行シングル第一弾。サビで「I love myself」（俺は自分を大事にしている。自分を粗末に扱ったりなんてしない）と繰り返す内容は、自尊心の大切さを説いた1970年代のブラックパワーのスローガン「Black is beautiful」にも通ずるものがあります。

　そのケンドリックはグラミー賞授賞式の翌日、狙いすましたようにニューシングル「The Blacker The Berry」を発表しました。ハーレムのルネッサンス期の黒人作家、ウォレス・サーマンが1929年に刊行した

● Black is Beautiful
1960年代に始まったムーブメント。アフリカ系アメリカ人の肌の色や見た目の特徴が、「白人と比べて魅力的ではない」とされる人種差別的な考え方に対抗するために生まれた。

ウォレス・サーマンの小説『The Blacker the Berry』。
ダークスキン（肌の色が濃い）の黒人女性の人生を通して、
カラリズム（肌の色の濃淡による差別）を描く。

同名の小説に由来するタイトルは「ベリ
ーは黒いほど甘みを増す」との意味。つ
まりは黒人であること、ブラックである
ことを肯定するメッセージになるわけで
すが、これもまた「Black is beauti-
ful」のスピリットの継承と受け取れる
でしょう。

ゴスペルミュージックの影響

　そのほか、今回のグラミー賞授賞式はゴスペルミュージックの存在を
強く意識させられる場面が多いセレモニーでもありました。ゴスペル愛
唱歌を取り上げたビヨンセ「Take My Hand, Precious Lord」はもち
ろん、人種差別撤廃を訴えたコモン＆ジョン・レジェンド「Glory」や

ファレル・ウィリアムス
「Happy」、最多受賞のサ
ム・スミス「Stay With
Me」、そしてクワイア（聖
歌隊）を率いてのマドンナ
「Living for Love」などか
らもゴスペルのエッセンス
を聴き取れたはずです。

　そしてそれは、今回のパ
フォーマンスの目玉だった
リアーナ（Rihanna）、カニエ・
ウェスト（Kanye West）、ポ
ール・マッカートニー（Paul

リアーナ、カニエ・ウェスト、
ポール・マッカートニー
「FourFiveSeconds」（2015年）

McCartney）の3人のコラボレーションによる「FourFiveSeconds」にしても同様です。ここ数年はEDM／ダンスポップ寄りのサウンドを打ち出していたリアーナが、ゴスペルのフィーリングを露わにした迫力のボーカルを披露していたのも印象的でした。

　こうしたブラックミュージックのルーツであるゴスペルの影響がジャンルを超えてさまざまなアーティストのパフォーマンスから確認できたのも、「Black Lives Matter」の隆盛と無縁ではないと考えています。「Someday」「One Day」に向けての闘いは、いまもなお続いている──そんなことを改めて考えさせられる第57回グラミー賞授賞式でした。

コンプトンで羽化した希望
ケンドリック・ラマーが伝えたいこと

ケンドリック・ラマー『To Pimp a Butterfly』

コンプトンの子供たちの希望の光に

　2012年10月、メジャーデビューアルバム『Good Kid, M.A.A.D. City』のリリースを目前に控えたケンドリック・ラマーは『FADER』のインタビュー中、「いまいちばんハッピーに感じていることは？」という質問に対してこんなふうに答えています。

> 「自分のコミュニティや自分の育った街に影響を与えていることだね。**コンプトンの子供たちの希望の光になれるように努めているよ。**服役中の友達のなかには子持ちの奴が何人かいて、彼らは子供が生まれてすぐに刑務所に入ることになってしまったんだ。その子たちはいま5〜6歳になるんだけど、みんな俺が状況を変えようとしているのを見ているし、父親たちもそれにリスペクトを示してくれる。子供たちがテレビで俺を見て、俺が自分と同じコンプトンの出身だと知ってエキサイトしているのは最高の気分だね。ものすごく達成感があるよ」

　メジャーからの最初のアルバムのリリースを前にしてすでにこんな状況だったのですから、いま現在コンプトンでケンドリックがどのような存在になっているのかは容易に想像がつくでしょう。アメリカでも指折

● コンプトン
カリフォルニア州ロサンゼルスにある都市。この地区では「クリップス」や「ブラッズ」といったストリートギャングが活動しており、犯罪率がアメリカで最も高い都市のひとつとして知られる。かつてコンプトンには日系アメリカ人も多く住んでいたが、第2次世界大戦時に多くの日系人が強制収容所に収監された。そのために空き家が増加し、家賃が低落したために貧しいアフリカ系アメリカ人の住人が増えていったという背景がある。

りの犯罪都市である「マッドシティ」コンプトンで暴力やドラッグから距離を置いて育った17歳の「グッドキッド」ケンドリックの回想録『Good Kid, M.A.A.D. City』は、全米だけで140万枚超のセールスを記録。第56回グラミー賞では最優秀アルバム賞など計5部門にノミネートされました。さらに同作は有力音楽メディアの年間ベスト選でも軒並み上位にランクインを果たすなど（BBCと『Pitchfork』で1位、『Billboard』、MTV、『TIME』、『SPIN』で2位）、2012年を代表するアルバムとしてジャンルを超えて高い評価を獲得しています。

　こうして『Good Kid, M.A.A.D. City』の成功によりゲームの流れを完全に自分のもとに引き寄せたケンドリックは翌2013年8月、客演したビッグ・ショーン（Big Sean）「Control」の曲中でドレイク（Drake）やJ・コール（J. Cole）など次代のヒップホップシーンを担う11人のラッパーを列挙しながら「俺はマキャヴェリ（2パック／2Pac）の子孫、ニューヨークのキングにしてウェストコーストのキング。東西の王位を片手で転がしている」と豪語しました。このケンドリックのボースト（誇示、自慢）は数々の議論とアンサーソングを誘発する事態へと発展。彼はゲスト参加した曲で披露したラップ一発をもって2013年の話題をかっさらったうえ、いま誰を中心にヒップホップが動いているのかをまざまざと見せつけたのでした。

破格の傑作

　その「Control」が世に出てからもうすぐ2年が経とうとしていますが、当時は挑発的なニュアンスが強く感じられたくだんの一節も、2015年3月のケンドリックの新作『To Pimp a Butterfly』のサプライズリリースから1ケ月が経過したいまとなってはむしろ王者の真っ当な勝ち名乗りに聴こえます。つまりそれは、『To Pimp a Butterfly』がいかに強力な作品であるかということ。実際このアルバムは、めったにお目にかかれないレベルの破格の傑作といっていいでしょう。

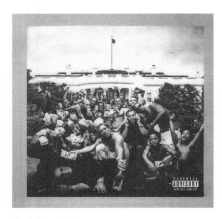

ケンドリック・ラマー
『To Pimp a Butterfly』(2015年)

　ホワイトハウスの前で打ちのめされた裁判官を囲んで札束とシャンパンボトルを手に歓声を上げるストリートギャングたち、というアルバムのアートワークは2014年8月のマイケル・ブラウン射殺事件不起訴に対するレスポンスとも受け取れますが、ここでのケンドリックは単にシステムを糾弾していくだけにとどまりません。彼は奴隷制度から

トレイヴォン・マーティン事件までを引き合いに出しながら「**アンクル・サム**」による黒人の搾取の構図を多面的／多角的に炙り出し、それと並行してラッパーとして大きな成功を収めたことで生じた重圧に苦悩し逡巡する自分の姿を生々しくさらけ出していきます。抑圧の黒人史を俯瞰するマクロな視点と葛藤するケンドリックの内面を照らすミクロな視点

『Rolling Stone』誌2015年3月26日号の
表紙を飾ったケンドリック・ラマー。

は一見まったく別の話に思えますが、両者は「まず自分を愛することから始めよう」と唱えるクライマックスの「i」でドラマティックに絡み合い、エンディングの「Mortal Man」へと見事に着地します。

● **アンクル・サム**
アメリカ合衆国を擬人化した架空の人物のこと。日本語にすると「サムおじさん」。イラストで表現される際は、星柄のシルクハットにネイビーのジャケットを羽織り、赤い蝶ネクタイを付け、髭をたくわえた白人の中年男性として描写される。

　そんなケンドリックのラップを支えるサポート陣の充実ぶりも只事ではありません。プロデューサーには彼の音楽パートナーであるサウンウェイヴ（Sounwave）を筆頭に、ファレル・ウィリアムス、ボーイ・ワンダー（Boi-1da）、サーラー・クリエイティブ・パートナーズ（The Sa-Ra Creative Partners）のタズ・アーノルド（Taz Arnold）らの名前も確認できますが、作品のイメージを決定づけているのはきら星のごとく並んだ現行ジャズシーン及びその周辺の要人たち。フライング・ロータス（Flying Lotus）、サンダーキャット（Thundercat）、ロバート・グラスパー（Robert Glasper）、カマシ・ワシントン（Kamasi Washington）、ロナルド・ブルーナー・ジュニア（Ronald Bruner Jr.）、そしてテラス・マーティン（Terrace Martin）。おそらく今回のアルバムの音楽的方向性はケンドリックも客演していたフライング・ロータスのスピリチュアルでアフロセントリックなアルバム『You're Dead!』からインスピレーションを得たものと思われますが（事実、参加ミュージシャンが一部かぶっている）、いずれにしてもジャズとファンクを基調にした彼らの強靭な演奏がケンドリックの描く歌詞世界をぐっとディープにしているのはまちがいないでしょう。

　それにしても、アルバムを聴き進めていって最後にたどりつく「Mortal Man」は何度体験しても感動的で、ケンドリックによる**2パックの疑似インタビュー**（ここで使われている2パックの音声は1994年にスウェーデンのジャーナリストが行ったインタビューからの引用）が終わって無音になった瞬間は軽い放心状態に陥ってしまいます。ケンドリックは人種差別撤廃に尽力した南アフリカ共和国の政治家ネルソン・マンデラのスピリットを自らのラップを通して後世に伝えていくことを決意すると、「なにがあっても俺のファンでいてくれるか？」と何度も聴き手に念押ししながら、アルバムを通して断片的に明かされてきた一編の詩を読み上げ、自身のヒーローである2パックにいくつかの問いを投げかけていきます。ケンドリックと2パ

● 2パックの擬似インタビュー
1991年にヒップホップグループ「デジタル・アンダーグラウンド」（Digital Underground）の一員としてデビューした2パックはラッパー／俳優として絶大な人気を誇っていたが、1996年に何者かに銃撃され、25歳の若さでこの世を去った。彼を殺害した犯人は未だに不明。

ックの対話は、さながらアルバムの各曲で取り上げてきたテーマをひとつひとつおさらいしていくかのよう。社会のシステムについて、名声と成功について、レイシズムについて、そしてラップをすることについて。ケンドリックは2パックへの質問を一通り終えると、最後に親友が書いたというもう一編の詩を取り出して、再び彼に読み聞かせます。

すべての芋虫は蝶になる可能性を秘めている

　ケンドリックが『To Pimp a Butterfly』というタイトルに込めた真意やアルバムを通して真っ先に伝えたかったことは、蝶と芋虫を題材にしたこの最後の詩に集約されています。蝶をゲットーから抜け出した成功者に、芋虫をゲットーに生きる「ストリートの囚人」になぞらえた詩は、要約するとこんな内容になるでしょうか。

> 「芋虫は時に疎まれ蔑まれるが、蝶が持つ才能や思慮深さ、美しさはそもそも芋虫が内包していたものであり、明らかに違う生き物のように見える蝶と芋虫は、実はまったく同一のものなのだ」

ボリス・ガーディナー
『Every N****r Is A Star』（1974年）

　もしこの詩を繰り返し読んでみてもケンドリックの意図についていまひとつピンとこないようであれば、アルバムを流したときにいちばん最初に聞こえてくる言葉、ボリス・ガーディナー（Boris Gardiner）が歌う「Every N****r Is a Star」というフレーズをここに重ね合わせてみてください。

　すべての芋虫は、蝶になる可能性を秘めている。すべての黒人は、輝く可能性を秘めている──ケンドリックが『To Pimp a Butterfly』を通じてなによりも強く訴えたかったのはそういうことであって、彼は本気でコンプトンの子供たちの希望の光になろうとしているのです。

初出：『bounce』2015年5月号記事 加筆

● 「Every N****r Is a Star」
1974年にリリースされた、ボリス・ガーディナーの楽曲。スライ＆ザ・ファミリー・ストーン「Everybody Is a Star」（1970年）のカバー。伏字になっている部分は、黒人に対する非常に強い侮蔑の意味を持つ、いわゆる「Nワード」である。ケンドリックはこの楽曲を『To Pimp a Butterfly』の冒頭で引用。その後、同曲はアカデミー賞作品賞を受賞した映画『ムーンライト』（2016年）でも使用された。

現代アメリカに改めて問う
衝撃の「エメット・ティル事件」

白人アーティストが歌う Black Lives Matter

21世紀のアメリカが抱える最も大きな問題

全米各地に拡大していく、黒人差別と警官の暴力に抗議する社会運動「Black Lives Matter」。これまで運動への連帯を表明する曲が数多くリリースされていますが、それらすべてが黒人アーティストによるものというわけではありません。なかでもよく知られている曲にはブルース・スプリングスティーン (Bruce Springsteen) の「American Skin (41 Shots)」があります。

「American Skin (41 Shots)」はもともと2001年にライブアルバム『Live in New York City』で初披露された曲ですが、2012年2月のトレイヴォン・マーティン射殺事件を受けて再レコーディング。その後、2014年のアルバム『High Hopes』に新バージョンとして収録されました。スプリングスティーンはこの曲について、ロイター通信のインタビューで次のように語っています。

ブルース・スプリングスティーン
『High Hopes』（2014年）

> 「"American Skin (41 Shots)"では人種差別をダイレクトに扱っている。アメリカで問題になるのはいつだってこのテーマなんだ。とても重いテーマだが、現状では宙に浮いたままで解決される見通しもない。そもそもアメリカでは有色人種が犯罪者の色眼鏡で見られることが多い。完全な市民権を得ているアメリカ国民なのに、それすらも否定されてしまうんだ。これは21世紀のこの国が抱える最も大きな問題のひとつだろう」

　この「American Skin (41 Shots)」は1999年2月、ニューヨークでギニア移民のアマドゥ・ディアロが4人の白人警官から41発もの銃弾を浴びて射殺された事件が題材になっています。ディアロは丸腰だったにもかかわらず、裁判では彼を射殺した4人の警官全員が無罪。これに抗議したスプリングスティーンはニューヨークのマディソン・スクエア・ガーデンでコンサートを行った際、ニューヨーク市警の一部の警官から警備をボイコットされてしまいました。

　「American Skin (41 Shots)」のサビの歌詞は、ディアロが上着のポケットから財布を取ろうとしたタイミングで銃撃されたことに基づいています。

> ポケットにあったものは、銃なのか、ナイフなのか、それとも財布なのか／いや、君の命だったんだ／それは決して隠し持っていたものじゃない／隠す必要などないものだ／ここでは、ただアメリカ人として生きているだけで殺されてしまうんだ

　また、曲中には黒人の母親が息子を学校に送り出す際のやり取りを描いた歌詞もあります。

> レナは息子を学校に行かせる準備をしている／チャールズ、外に出たらどうすればいいかわかっているわね／もしおまわりさんに呼び止められたらお行儀よくするって約束して／絶対に逃げ出したらダメ／必ず両手を隠さないようにするってママに約束してちょうだい

日常的に命を脅かされ、ただアメリカ人として生きているだけで殺されてしまう。ここでスプリングスティーンは、そんな黒人を取り巻く理不尽な現実を歌っているのです。

公民権運動の発火点

そしてここでの本題になるのが、2010年の第52回グラミー賞で3部門にノミネートされた実績を持つフィラデルフィア出身のシンガーソングライター、メロディ・ガルドーの「Preacherman」。これは彼女が2015年6月2日にリリースしたアルバム『Currency of Man』の収録曲です。この曲とミュージックビデオでガルドーが題材にしているのは、1955年にミシシッピ州で起きた黒人少年エメット・ティルの殺害事件。公民権運動の発火点ともいわれる歴史的な出来事です。『Currency of Man』の発売に合わせたトークセッションにおいて、ガルドーはこんなコメントをしています。

「エメット・ティルの事件から60年が経ちますが、現在でもトレイヴォン・マーティン射殺事件やボルチモアで大規模な抗議デモが行われるきっかけになったフレディ・グレイ死亡事件が起きたりと、人種差別の本質はまったく変わっていないように思えます。私たちは何度同じ過ちを繰り返せば学ぶことができるのでしょう」

メロディ・ガルドー
『Currency of Man』（2015年）

エメット・ティル殺害事件当時のアメリカの黒人差別をめぐる状況としては、前年の1954年に合衆国憲法史上最も重要な最高裁判決のひとつといわれる「ブラウン対カンザス州トピカ教育委員会裁判」、通称「ブラウン判決」が下されています。これは1951年、カンザス州トピカ市で黒人の少女リンダ・ブラウンが求めた白人学校への入学を教育委員会が認めなかったことに対して**全米黒人地位向上協会**（NAACP）が提訴。最高裁が公立学校での人種分離教育は**憲法修正第14条**に違反するとの判決を下した、人種差別の改善に向けての大きな一歩となった画期的な裁判です。このブラウン判決はジム・クロウ法（黒人隔離法）廃止の嚆矢（こうし）にして公民権運動の端緒になるわけですが、同時に人種間対立の緊張を高めることにもつながりました。

エメット・ティルの殺害事件は、そんな背景のなか1955年8月28日に起こりました。イリノイ州シカゴで母メイミーと暮らしていた14歳の少年エメットが、夏休みを叔父のもとで過ごすためアメリカ南部ミシシッピ州の田舎町マニーを訪れた際、食料雑貨店で働く白人女性キャロライン・ブライアントを冷やかしたことから彼女の夫で店主のロイ・ブライアントが性的侮辱を受けたとして激昂。彼は義理の兄ジョン・ウィリアム・ミランと共謀してエメットを拉致すると、報復として彼に執拗な暴行を加えて銃殺した末、死体に有刺鉄線で約34キロの綿繰り機を縛

● **フレディ・グレイ死亡事件**
2015年4月12日、フレディ・グレイ（当時25歳）が警察車両での移送中に、後部座席で手足の自由を奪われた状態で脊椎を骨折。1週間後に死亡した。この事件に関わった警察官6人が起訴されたものの、裁判で3人に無罪判決を言い渡された。検察は、残る3人についても同じ結果になる可能性が高いとして起訴を取り下げた。

● **全米黒人地位向上協会**
1909年に発足された、アメリカ合衆国で最も古い公民権運動組織のひとつ。正式名称は「National Association for the Advancement of Colored People」。メリーランド州ボルチモアに本部を置く。

● **憲法修正第14条**
南北戦争後に成立した、3つの憲法修正条項のひとつ。元奴隷の権利を確保することが意図されており、市民としての身分や公民権、個人の権利などが保障されている。1866年6月13日に提案され、1868年7月9日に批准された。

りつけてタラハッチー川に投げ捨てたのです。エメットの遺体が発見されたのは殺害から3日後。遺体は身元確認が困難なほど激しく損傷していました。

　この事件は発覚後大きく報道されて全米に衝撃を与えることになりますが、注目を集めた経緯としては被害者が都会のシカゴから南部にやってきたまだ14歳の少年だったこと、そしてエメットの母メイミーが事件の真相と残虐性を世間に伝えるため遺体をシカゴに取り戻して息子の葬儀を一般に公開したこと、さらにあえて棺を開けたまま式を執り行ったことが挙げられます。これによって無残なエメットの姿がさまざまな新聞や雑誌に掲載され、南部にはびこる黒人差別の実態が広く知れ渡ることになりました。エメットの殺害容疑で起訴されたブライアントとミランは全員白人の陪審員によるたった一時間の評議の結果無罪判決を受けましたが、この一件を契機として公民権運動は大きなうねりをかたちづくっていきます。よく指摘されるように、ブラウン判決は論理の面から、エメット・ティル殺害事件は感情の面から公民権運動を前進させたといえるでしょう。公民権運動に参加した黒人女性の活動家、アン・ムーディは自伝『貧困と怒りのアメリカ南部─公民権運動への25年』(彩流社)にこう記しています。

> 「エメット・ティルの殺害事件の起こる前にだって、私は飢えという恐ろしさや、地獄や悪魔の恐ろしさを知っていた。しかしいま、新しい恐怖を知った。黒人というだけで殺されるという恐怖だった」

　そして実質的な公民権運動の幕開け、バスの白人専用座席に座り続けて逮捕された「公民権運動の母」ローザ・パークスの行動から発展したモンゴメリー・バス・ボイコット事件が始まったのはエメット・ティル殺害事件からちょうど100日後の1955年12月5日。また、このボイコット運動の先頭に立った若きマーティン・ルーサー・キング・ジュニア牧師がワシントン大行進を率いて有名な「I have a dream」の演説を行うことになるのは奇遇にも8年後の同じ日、1963年8月28日でした。

ボブ・ディランが歌ったエメット・ティル

エメット・ティル殺害事件をテーマにした楽曲は、今回のメロディ・ガルドー「Preacherman」以前にも存在しています。直近では14度のグラミー賞受賞経験があるカントリー歌手のエミルー・ハリスが2011年にリリースしたアルバム『Hard Bargain』で歌った「My Name Is Emmett Till」がありますが、やはり有名なのは1962年2月に

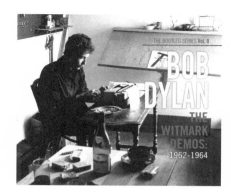

ボブ・ディラン
『The Bootleg Series Vol. 9: The Witmark Demos 1962-1964』(2010年)

当時20歳のボブ・ディランが歌った「The Death of Emmett Till」でしょう。この曲は録音から約40年の時を経て、2010年にコンピレーション『The Bootleg Series Vol. 9: The Witmark Demos 1962-1964』で公式音源化されました。

これはミシシッピで起こった出来事／そんなに古い話じゃない／シカゴの街からやってきた若者が、南部の地に扉を開けて足を踏み入れた／彼の身に降りかかったおぞましい悲劇をいまでもよく覚えている／彼の肌の色は黒、名前はエメット・ティル／何人かの男たちが彼を納屋へと引きずり込んで袋叩きにした／そうするだけの理由があったと彼らはうそぶいたが、それがなんだったのか、僕には思い出せない／男たちは彼を拷問して痛めつけると、口にするのもおぞましい暴力をふるった／納屋のなかに響き渡る悲鳴、表の通りで巻き起こる笑い声／血のような赤い雨が降るなか、男たちは入り江まで彼の体を転がしていくと、苦痛の声を上げる彼にとどめを刺そうと大きな川に投げ込んだ／奴らがあそこで彼を殺した理由が僕にははっきりとわかる／絶対にまちがいない／奴ら

はただおもしろ半分で彼をなぶり殺しにして、だんだんと死んでいくの を楽しそうに眺めていたんだ／裁判を求める声がアメリカ中に湧き起こり、 ふたりの兄弟はたまらず哀れなエメット・ティルを殺したと自供した／ だが、陪審席についたのは兄弟の残虐な犯罪をかばうような男たちばか り／結局その裁判はとんだ茶番になったが、それを咎める者は誰もいな かった／次の日の朝に新聞を開いたとき、僕は目をそむけずにはいられ なかった／裁判所の階段を微笑みながら降りてくる兄弟たち／判決は無 罪放免、兄弟は自由の身になった／その一方、エメット・ティルの死体 は南部の人種差別に満ちた泡立つ海の上を漂ったまま／こうした出来事 に、あまりにも不当な判決に対して声を上げられないのなら、あなたの 目は死者たちの汚物でふさがれ、心は埃にまみれているに等しい／そし て腕や足には鎖や足枷がつけられ、血が流れなくなってしまうだろう／ なぜなら、あなたはこの社会をとんでもなくひどいものに貶めたことに なるのだから／この歌はあなたの仲間を忘れないでおくためのもの／こ んなことが亡霊のローブで正体を隠した**クー・クラックス・クラン**の世 界でいまもなお生き続けている／でも、僕らみんなが思いをひとつにし てできる限りのことをすれば、僕らは自分たちのこの素晴らしい国を より良い場所にできるはずだ

　自分と同じ1941年生まれのエメット・ティルの死に思いを馳せた、 ボブ・ディランの静かな怒り。彼が黒人霊歌の「No More Auction Block」をもとにして公民権運動のアンセム「Blowin' in the Wind」 をつくるのは、この「The Death of Emmett Till」を歌った直後のこ とです。

● **クー・クラックス・クラン**
アメリカの秘密結社、白人至上主義団体。南北戦争後の再建期に「暴力的な黒人か ら白人の身を守る」という口実で組織され、南部各地に勢力を拡大していった。彼 らが実際に行っていたのはテロ行為であり、無実の黒人を襲って殺害したり、黒人 をサポートした白人の命をも奪った。略称はKKK。

若く、才能に恵まれ、黒人として生きていく
「新しい公民権運動」のプロテストソング

ヒップホップ世代の Black Lives Matter

「荻上チキ・Session-22」(2015年9月17日放送)

根深い差別構造

　ここ数年、アメリカでは無抵抗/非武装の黒人が白人警官によって殺害される事件が多発して大きな社会問題になっています。そして、こうした事件の多くで加害者の白人警官が不起訴処分になっている理不尽な現実。ここにきて、黒人に対する根深い差別構造が一気に表面化してきた印象を受けます。

　この状況を受けて、アメリカ各地で起こっている社会運動が「Black Lives Matter」。これが1960〜1970年代の公民権運動やブラックパワーの意志を継ぐような強大なムーブメントを形成しつつあります。ここではそんななかで音楽がどんな役割を果たしているのか、ヒップホップミュージックに絞って紹介していきたいと思います。

イカれた街の優等生

　最初に紹介するのは、2015年の第57回グラミー賞で最優秀ラップソング賞など2部門を受賞したケンドリック・ラマー。1987年生まれのラッパーである彼は、現在のアメリカのヒップホップシーンにおける最重要アーティストです。

　ケンドリック・ラマーは非常にユニークなバックグラウンドをもつラッパーです。彼が2012年にリリースしたメジャーデビューアルバムのタイトルは、『Good Kid, M.A.A.D City』。これは言わば彼のキャッチ

フレーズで、日本語に訳すと「イカれた街の優等生」との意味になります。

ケンドリック・ラマー
『Good Kid, M.A.A.D City』
（2012年）

これはどういうことかというと、ケンドリックはアメリカでも有数の犯罪多発地帯であるカリフォルニア州コンプトンの出身です。コンプトンというと、ヒップホップシーンにおいては「ギャングスタラップの聖地」と呼ばれているような場所。彼はそんな出自をもちながら、ギャングスタラップではなく社会的／政治的メッセージ色の強いコンシャスなヒップホップを標榜しているのです。

　そのケンドリック・ラマーが2015年3月にリリースしたメジャー第2弾アルバム『To Pimp a Butterfly』は、ヒップホップの枠を超えて2015年の音楽シーンを代表する傑作として各方面から絶賛されています。イギリスの老舗音楽誌『NME』に至っては、その内容を評して「新しい公民権運動のサウンドトラック」との賛辞を送りました。

　この『To Pimp a Butterfly』においてケンドリックは、搾取され続けてきた黒人の歴史をたどりつつ、最終的に「自分を愛すること、自分の可能性を信じることから始めよう」とポジティブなメッセージを投げかけています。自尊心の大切さを説く彼のこの主張は、まさに公民権運動のスローガンだった「Black is beautiful」に通底するものでしょう。『To Pimp a Butterfly』は実際に「新しい公民権運動のサウンドトラック」と呼ぶにふさわしいコンセプトを有しているのです。

『To Pimp a Butterfly』を「新しい公民権運動のサウンドトラック」とする評価は、同アルバム収録曲の「Alright」が「Black Lives Matter」のデモのシュプレヒコールとして使われるようになったことでがぜん説得力を帯びてきました。7月にクリーブランド州立大学の学生が行ったデモの際には「Alright」のサビの部分、「We gon' be alright, We gon' be alright」(俺たちきっと大丈夫だよ)の大合唱が巻き起こりましたが、ヒップホップの曲がこうしてデモのシュプレヒコールに使用されたことは画期的な出来事。『To Pimp A Butterfly』が名実共に「新しい公民権運動のサウンドトラック」になった瞬間でした。

世界で最も危険なグループ

ケンドリック・ラマーの「イカれた街コンプトンの優等生」という打ち出しがなぜこれほどまでに有効だったのか、なぜ強烈なインパクトをもつキャッチフレーズ足り得たのか──それは「コンプトンはアメリカで最もヤバい街」との刷り込みがヒップホップのリスナーに徹底されているからです。そんな「コンプトン＝ヤバい街」のイメージを全世界に流布したのが、伝記映画『ストレイト・アウタ・コンプトン』(2015年)が話題のヒップホップグループ、コンプトン出身の5人組N.W.Aです。

ドクター・ドレー (Dr. Dre)、イージー・E (Eazy-E)、アイス・キューブ (Ice Cube)、MCレン (MC Ren)、DJイェラ (DJ Yella) の5人からなるN.W.A (Niggaz Wit Attitudes) は、ケンドリック・ラマーが生まれた年、1987年にデビューしました。活動期間は短く1991年に解散してしまいますが、

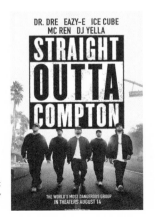

『ストレイト・アウタ・コンプトン』(2015年)
F・ゲイリー・グレイ監督。ヒップホップグループ、N.W.Aの結成からメンバーの脱退、解散までを描いた伝記的音楽映画。N.W.A元メンバーのドクター・ドレーやアイス・キューブがプロデューサーとして参加している。

彼らのことをわかりやすく
紹介するならば、ずばり「ギ
ャングスタラップのビート
ルズ」。そうそうたる顔ぶ
れによるスーパーグループ
という意味でも、のちのシ
ーンに及ぼした影響力とい
う意味でも、このたとえは
あながち大げさではないと
思います。現在に至るヒッ
プホップの、ある種のパブ
リックイメージをつくった
グループといっていいでし
ょう。

N.W.A
『Straight Outta Compton』（1988年）

　N.W.Aのベストアルバム『Greatest Hits』（1996年）のジャケットには、
こんな謳い文句が記されています。「The World's Most Dangerous
Group」——つまり彼らは自ら「世界で最も危険なグループ」を名乗
っているわけですが、これはN.W.Aが1988年にリリースしたデビュー
アルバム『Straight Outta Compton』の収録曲、その名も「Fuck Tha
Police」に起因しています。この過激なタイトルの曲によって、彼らは
一躍その名を世界に知らしめました。

ロドニー・キング事件とロサンゼルス暴動

　N.W.A. の「Fuck Tha Police」は、アイス・キューブのこんなラップで始まります。

> くたばれオマワリ／アンダーグラウンドからやってきた俺は、ブラウンの肌の若い黒人だからというだけでひどい仕打ちを受けてきた／白い肌じゃないからってオマワリはこう思ってる／自分たちにはマイノリティを殺す権限があるんだって

　この曲は、タイトルからもうかがえる通りポリスブルータリティ（警官の暴力）に対するフラストレーションを衝動的にぶちまけたような曲ですが、これがある事件を契機として本人たちの意図を超えた1990年代初頭を象徴するプロテストソングになっていきます。

　1991年3月3日、ロサンゼルスで4人の警官がスピード違反を犯しただけの無抵抗の黒人男性に集団でリンチを加えた**ロドニー・キング事件**。その翌年4月、ロドニー・キングに対する過剰捜査の起訴された警官が全員無罪評決を受けたことにより起こった抗議デモから派生した**ロサンゼルス暴動**——このとき、黒人たちの怒りを代弁するテーマソングになったのがほかでもない、N.W.Aの「Fuck Tha Police」でした。

　そして警官の蛮行に抗議する「Black Lives Matter」運動が台頭して

● **ロドニー・キング事件**
1991年3月3日に起こった暴行事件。当時25歳のロドニー・キングがロサンゼルス市内を運転中、スピード違反で警察官に停止を命じられた。2年前に起こした強盗事件の懲役から仮釈放中だったキングは、再収監を恐れて逃亡。追跡のすえに彼は強制的に停車させられ、車から降りたところを暴行され、重傷を負った。

● **ロサンゼルス暴動**
ロサンゼルス市警の警官4人がロドニー・キングに暴行を加える映像がテレビで放映されたことで、市警の対応に強い批判が起きた。さらに事件発生から約1年後の1992年4月に加害者である警官に無罪の評決が下った。この結果に黒人社会を中心として広い範囲で抗議活動が起こり、一部が暴徒化して警察署／裁判所などが襲撃された。

きた2015年、N.W.Aの伝記映画『ストレイト・アウタ・コンプトン』が公開されてアメリカで興行収入成績3週連続1位の大ヒットになりました。『ストレイト・アウタ・コンプトン』がヒットした背景としては、やはり昨今の黒人差別問題に対する関心の高まりも無縁ではないでしょう。劇中でもフィーチャーされているロドニー・キング事件が完全に近年のポリスブルータリティとオーバーラップしてくる現在、30年近く前につくられたN.W.Aの「Fuck Tha Police」はプロテストソングとして新しい意味を帯び始めています。

動物のように扱うのはやめてくれ

　続いてはいま紹介したN.W.A.の元メンバー、ドクター・ドレーの実に16年ぶり（当時）のニューアルバム『Compton』よりシンガー／ラッパーのアンダーソン・パーク（Anderson .Paak）をフィーチャーした「Ani-mals」。このアルバム『Compton』は映画『ストレイト・アウタ・コンプトン』にインスパイアされてつくられたもので、N.W.Aのメンバーやケンドリック・ラマーもゲスト参加しています。

　1965年にコンプトンで生まれたドクター・ドレーは、ヒップホップ史上最も成功したプロデューサー。彼はケンドリック・ラマーの後見人でもあり、先ほど取り上げた『To Pimp A Butter-fly』の総合プロデューサーも務めています。そんな彼も、いまはヘッドフォンブランド「Beats

ドクター・ドレー
『Compton』（2015年）

by Dr. Dre」を立ち上げた実業家としての顔のほうが知られているかもしれません。2014年のミュージシャン長者番付では、2位のビヨンセを大きく引き離す6億2000万ドル（約736億円）を稼いでぶっちぎりの1位に輝いています。

この「Animals」は、抗議活動や暴動に対するメディアの報道姿勢や黒人への根深い偏見を糾弾したプロテストソング。アンダーソン・パークはサビで「こんなときだけ俺たちの周りにやってきて、自分たちのことをまるで動物の集まりのように扱うのはやめてくれ。メディアが黒人にカメラを向けるのは、きまって俺たちにネガティブなことが起こっているときなんだ」と訴えています。

ジャズピアニストが奏でる怒りの鎮魂歌

次の曲もケンドリック・ラマー関連のアーティストです。彼の『To Pimp A Butterfly』に参加していたジャズピアニスト、ロバート・グラスパーが2015年6月にリリースしたアルバム『Covered』の収録曲「I'm Dying of Thirst」。これはケンドリックのメジャーデビューアルバム『Good Kid, M.A.A.D City』収録曲のカバーです。

この『Covered』では、アルバムの最後に配置された11曲目と12曲目が黒人差別を扱った楽曲。11曲目の「Got Over」には歌手であり俳優であり、またアクティビストとして1960年の公民権運動にも尽力し

ロバート・グラスパー
『Covered』（2015年）

たハリー・ベラフォンテ（Harry Belafonte）がポエトリーリーディングで参加しています。その「Got Over」からシームレスに流れいくのが、12曲目の「I'm Dying of Thirst」。タイトルは「もう喉が渇ききって死にそうだ」という意味で、これはアメリカの現状あるいは黒人を取り巻く状況を表しているのでしょう。

このグラスパーによる「I'm Dying of Thirst」は、非常にショッキングなアレンジがほどこされています。レコーディングには当時6歳だったグラスパーの息子と、彼の友人たちが参加。彼ら子供たちは「トレイヴォン・マーティン、エリック・ガーナー、マイケル・ブラウン……」といった具合に白人警官の暴力によって殺された黒人男性25名の名前をゆっくりと読み上げていくと、最後に「I am」と言い放ちます。つまりこれは他人事などではまったくなく、警官に殺害された人々は明日の自分たちの姿かもしれない、そう子供たちに代弁させているわけです。

実際、グラスパーはインタビューで「自分の子供たちも大人になったら警官に銃撃される可能性が大いにある」とコメントしています。この「I'm Dying of Thirst」からは、アメリカで暮らす黒人がいかに日常的に差別、偏見、憎悪、暴力にさらされているのか、そんな理不尽な現実が実に生々しく伝わってきます。あまりにもヘビーな、グラスパーによる怒りの鎮魂歌といえる名演でしょう。

アップデートされたプロテストソング

最後は、7月にリリースされたニーナ・シモン（Nina Simone）のトリビュートアルバム『Nina Revisited...A Tribute to Nina Simone』より、ラッパーのコモンとR&Bシンガーのレイラ・ハサウェイ（Lalah Hathaway）との共演による「We Are Young, Gifted & Black」。プロデュースは先ほど「I'm Dying of Thirst」を紹介したロバート・グラスパーが務めています。

ここでトリビュートの対象になっているニーナ・シモンは、1960年代の公民権運動に絶大な影響を及ぼしたジャズシンガー。彼女の再評価を促すトリビュートアルバムがいまこのタイミングでリリースされるのはもはや必然、時代が要求した作品といえるでしょう。

　「We Are Young, Gifted & Black」は、ニーナ・シモンが1969年にリリースした公民権運動のアンセム、「若く、才能に恵まれ、黒人として生きていくこと。なんて素敵で尊い夢でしょう」と歌う「To Be Young, Gifted and Black」を改題／アレンジしたものになっています。今回のこの新バージョンはキャスティングからして気が利いていて、まずコモンはマーティン・ルーサー・キング・ジュニア牧師の伝記映画『グローリー／明日への行進』(2014年)の主題歌「Glory」をジョン・レジェンドと共に歌っていたラッパー。そしてレイラ・ハサウェイは、まさに公民権運動〜ブラックパワーの真っ只中で活躍した伝説的ソウルシンガー、ダニー・ハサウェイの実娘。彼女もグラスパーと同様、ケンドリック・ラマーの『To Pimp A Butterfly』に参加しています。

　「We Are Young, Gifted & Black」の白眉は、なんといってもコモンのパフォーマンス。彼は2番目のバースをこんなラップで始めています。

> ミシシッピ、ちくしょう！　ファーガソン、ちくしょう！／スタテンアイランド、ちくしょう！／ボルティモア、ちくしょう！／アメリカ、くそったれ！
>
> (「*Mississippi goddam, Ferguson goddam, Staten Island goddam, Baltimore goddam, America damn*」)

　この一節は、ニーナ・シモンが1964年に発表した「Mississippi Goddam」のオマージュ。「Mississippi Goddam」は1963年に起きたふたつの事件、全国黒人地位向上協会ミシシッピ州幹部の**メドガー・エヴァーズ射殺事件**と4人の黒人少女が犠牲になったアラバマ州バーミンガムの**バプティスト教会爆破事件**に触発されてつくられた曲で、コモン

はそれらと警官の暴力によって黒人男性が殺害された近年の一連の事件——ファーガソンやスタテンアイランドやボルティモアなどで起きた事件を結びつけることにより、いまの「Black Lives Matter」のムーブメントが往年の公民権運動のスピリットを継承した闘いであることを訴えているわけです。かつて公民権運動を強く後押しした名曲が、アップデートを加えることでより強力なプロテストソングとしてここに生まれ変わりました。

　この「We Are Young, Gifted & Black」のプロデュースを務めているロバート・グラスパーは、こんなコメントを残しています。

> 「現時点ではたくさんのミュージシャンが抗議の声を上げて、黒人について気にかけているように振る舞っているが、しばらくすればまた以前のように戻ってしまうかもしれない。でも、ケンドリック・ラマーのような素晴らしいアーティストがなにか意見をすると人々は彼のメッセージに耳を傾ける。彼のメッセージによって、多くの人々が"自分もなにかやろう"という気にさせられるんだよ」

　このグラスパーのコメントが示唆しているように、今後ケンドリック・ラマーがシーンのキーパーソンとしてさらに存在感を増していくことはまちがいありません。きっと彼はこの先、ボブ・マーリー（Bob Marley）やジョン・レノン（John Lennon）のような社会的影響力をもつアーティストになっていくはず。「悪名高いコンプトンからやってきた優等生」の動向に注目しましょう。

● メドガー・エヴァーズ射殺事件

1963年、アフリカ系アメリカ人の公民権運動家、メドガー・エヴァーズ（当時37歳）が白人至上主義者バイロン・デ・ラ・ベックウィズによって暗殺された事件。ベックウィズは殺人罪で起訴され、有罪判決が下り、2001年に80歳で獄死した。

● バプティスト教会爆破事件

1963年9月15日、アラバマ州北部にあるバプティスト教会が白人至上主義者によって爆破された事件。この爆破により、日曜学校に来ていたアディ・メエ・コリンズ（当時14歳）、シンシア・ウェズリィ（当時14歳）、キャロル・ロバートスン（当時14歳）、デニーズ・マクネア（当時11歳）が犠牲になった。

なにが変わって、なにが変わっていないのか
公民権運動と Black Lives Matter

1968年と2015年のプロテストソング

「荒川強啓 デイ・キャッチ!」（2016年1月3日放送）

2015年のたったいま起こっていること

　ここ数年アメリカでは無抵抗の黒人が白人警官によって殺害される事件が多発、大きな社会問題になっています。今年の4月にはメリーランド州ボルチモアで警察に拘束された黒人青年フレディ・グレイが死亡した事件をめぐって大規模な抗議デモと暴動が発生しました。州知事が非常事態宣言を発令して州兵が投入される事態にまで発展するなど、日本でも大きなニュースとして取り上げられていたのでご存知の方も多いでしょう。

　そんななか、この事件を特集した『TIME』誌2015年5月11日号の表紙が大きな話題を集めました。白昼の路上、大通りで抗議デモを制圧しようとする大勢の警官隊からひとりの黒人男性が走って逃げる様子をとらえたモノクロの写真。そこに載った見出し「AMERICA, 1968」が赤ペンで「AMERICA, 2015」と修正されているというものです。つまり「これは1968年に起こったことではなく、2015年のたったいま起こっていることなんだ」と訴えているわけですが、その下にはさらにこんな言葉が記されています。「WHAT HAS CHANGED. WHAT HASN'T.」（なにが変わって、なにが変わっていないのか）——史上初の黒人大統領も誕生してアメリカの人種問題に対する意識は一見大きく向上しているように映るかもしれないが、実は状況はまったく変わっていないのではないか。『TIME』誌はそう問題提起しているのです。

　『TIME』誌が時代を特定しにくいようにモノクロ加工した暴動の写真

をなぜ1968年に設定したのかというと、それはこの年が公民権運動の指導者**マーティン・ルーサー・キング・ジュニア牧師が暗殺**された年、そして彼の死を受けて全米125の都市で暴動が起きたことに基づいています。『TIME』誌は、このたった一枚の写真をもってアメリカが47年前とまったく同じ問題を抱え続けていることを端的に証明してみせたのです。今回はこの『TIME』誌の表紙にならって、1968年と2015年、それぞれの人種差別問題の解消を求

『TIME』誌2015年5月11日号

めた運動に音楽がどのような役割を果たしたのかを比較してみたいと思います。1968年と2015年で3曲ずつ聴いていきましょう。

公民権運動を象徴するテーマ曲

　まずは1968年の楽曲から、一曲目は「We Shall Overcome」。日本では「勝利を我らに」のタイトルで知られているこの曲は、賛美歌第二編164番を編曲して歌詞をつけたプロテストソング。公民権運動の盛り上がりのなか、ピート・シーガー（Pete Seeger）やジョーン・バエズ（Joan Baez）といったフォークシンガーによって広められた運動を象徴するテーマ曲といっていいでしょう。キング牧師の葬儀の最後、彼を天国に送り出す鎮魂歌として歌われた曲でもあります。歌詞の大意を引用しましょう。

● **キング牧師の暗殺**
1968年4月4日、テネシー州メンフィスで、キング牧師は暗殺された（39歳没）。犯人はジェームズ・アール・レイという白人男性。レイは国外へ逃亡したが、ロンドンのヒースロー空港で逮捕され、有罪判決を受けたのち、1998年に獄中死した。

> 我々は打ち勝つ／いつの日か／心の奥深くでそう信じている／いつの日か、手に手を取って歩く日が来る／なにも恐れることはない／きっと神様が導いてくださる／我々は打ち勝つ／いつの日か

　数ある「We Shall Overcome」の名演のなかから今回選曲したのは、1963年8月に行われた人種差別撤廃を求めるデモ**「ワシントン大行進」**にも参加したゴスペルの女王、マヘリア・ジャクソンによるバージョン。彼女がキング牧師の死後まもなくしてリリースした追悼アルバム『Mahalia Jackson Sings The Best-Loved Hymns of Dr. Martin Luther King, Jr.』（マヘリア・ジャクソンが歌うキング牧師の愛した賛美歌集）の収録曲です。

● ワシントン大行進
1963年8月28日、アメリカの首都ワシントンで行われた政治集会。20〜30万人が参加したとされ、この集会でキング牧師が「I have a dream」演説を行った。1963年は、リンカーン大統領が1863年に奴隷解放宣言をしてから100年という節目の年であった。

マヘリア・ジャクソン
『Mahalia Jackson Sings The Best-Loved Hymns Of Dr. Martin Luther King, Jr.』（1968年）

彼らは人間なのか?　それとも獣なのか?

　続いては、こちらも公民権運動に音楽面から大きな貢献を果たしたジャズシンガー、ニーナ・シモンの「Why? (The King of Love is Dead)」です。これはライブアルバム『'Nuff Said!』の収録曲。キング牧師が暗殺された3日後、1968年4月7日にニューヨークで行われたパフォーマンスを録音したものです。この曲はキング牧師他界の報を受けて急遽つくられたという経緯があり、このステージにおいて初めて披露されました。歌詞の一部を紹介しましょう。

> また誰かの命が奪われるのだろうか?／彼らは人間なのか?／それとも獣なのか?／いったいなにを望んでいるのか?／私の国はもうダメになってしまうのだろうか?／もう手遅れなのか?／キング牧師の死は無駄になってしまうのか?／彼は山の頂(いただき)を見た／やめるわけにはいかなかった／常に死と向き合いながら生きていた／みんな、よく考えて／そして再び感じて。私たちは危険な状態にある／彼がいないいま、なにが起こるかわからない／彼は平等を求めていた／差別のない世界を望んでいた／彼は愛と善意の人だった／人を憎むことも暴力に訴えることもなかった／できることなら、私に話をさせてください／どうしてあの日、彼が射殺されてしまったのか

　この「Why? (The King of Love is Dead)」は穏やかなとても美しい曲ですが、歌詞自体はかなり危機感に満ちた内容。「もうたくさんだ」「もううんざりだ」という意味をもつ収録アルバムの

ニーナ・シモン
『'Nuff Said!』(1968年)

タイトル『Nuff Said』に示唆されている通り、曲を聴いてもらうと歌の奥底からふつふつとわき上がるニーナの怒りと絶望が伝わってくると思います。この歌詞を踏まえると、タイトルの「Why?」には「なぜ?」という問い掛けはもちろん、深い悲しみや強い憤りなどさまざまな感情が込められていることがわかるでしょう。

俺は誇り高き黒人だ

キング牧師の暗殺を受けて、人種差別に抗議する運動のモードは完全に切り替わっていくことになります。この一件はより急進的な黒人民族主義運動を展開していた**ブラックパンサー党**の台頭を促し、非暴力を掲げていたキング牧師を軸とする公民権運動とはまた違った「ブラックパワー」と呼ばれる黒人の地位向上を求めるムーブメントを強く推し進めることになりました。ある意味、キング牧師の暗殺を契機にしてより運動がアグレッシブになったところはあるでしょう。

そんな気運を象徴する曲が、ファンクのゴッドファーザー、ジェイムズ・ブラウン（James Brown）がキング牧師の暗殺から4ケ月後の1968年8月7日にレコーディングした「Say it Loud, I'm Black and I'm Proud」です。タイトルは直訳すると「声を上げよう、俺は誇り高き黒人だ」という意味。ここからわかるように、歌詞は黒人のアイデンティティを強烈に刺激して鼓舞する内容になっています。

> *声を上げよう／俺は誇り高き黒人なんだ／俺たちはこれまでさんざん不当な扱いを受けてきた／まともな扱いを受けるまで俺たちは決してあきらめない／これからの時代、黒人は黒人社会のために働こう／壁に頭を*

● **ブラックパンサー党**
1960年代後半から1970年代にかけてアメリカで活動していた政治組織。カリフォルニア州オークランドにおいて、都市部の貧しい黒人が居住する地区（ゲットー）を警察官から自衛するために結成された。黒人民族主義運動／黒人解放闘争を展開していたが、70年代の半ばにはリチャード・ニクソン政権による弾圧で事実上の解散に追い込まれた。

打ちつけながら、誰か
のために尽くすなんて
もうこりごりだ／俺た
ちだって人間、鳥や蜂
のような自由な存在さ
／ひざまずいて生きる
くらいなら、立ったま
ま死ぬことを選ぶよ／
声を上げるんだ／俺は
誇り高き黒人だ

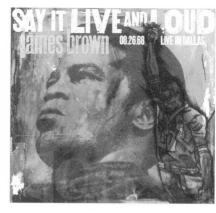

ジェイムズ・ブラウン
『Say it Live and Loud: Live in Dallas, August 26, 1968』（1998年）

　ここでは「Say it Loud, I'm Black and I'm Proud」がリリースされた直後の1968年8月26日、テキサス州ダラスで行われたコンサートの模様を収録したアルバム『Say it Live and Loud: Live in Dallas, August 26, 1968』のライブバージョンを紹介しましょう。ジェイムズ・ブラウンは曲に入る前に1分半程度のスピーチを行うのですが、そのオーディエンスをアジテートする彼の熱量、そしてJBに煽られた観衆の熱狂的なリアクションにも注目してみてください。

俺たちはみんな「黒い救世主」

　ここからは2015年の楽曲を聴いていきたいと思います。冒頭でも話した通り、現在アメリカでは黒人に対する白人警官の不当な暴力行為が相次いで起こっています。それに伴って人種間の軋轢が強まってきているなか、全米各地に現代版の公民権運動といえる「Black Lives Matter」と呼ばれる抗議デモが広がっています。そんな動きに音楽界からいち早く反応を示したのが、カリスマ的人気を誇るR&Bシンガー、ディアンジェロ（D'Angelo）でした。

ディアンジェロは2000年にリリースした前作『Voodoo』から約14年ぶりとなるアルバム、その名も「黒い救世主」を意味する『Black Messiah』を2014年12月にリリース。彼はこのアルバムのリリースにあたってこんな声明文を発表しています。

> 　『『Black Messiah』は、アルバムにつけるものとしてはとんでもないタイトルだ。容易に誤解を招くと思うし、多くのひとは宗教的なことを想像するだろう。ひとによっては俺がみずから"黒い救世主"を名乗っていると感じるかもしれない。だが、俺にとってこのタイトルは俺たちみんなを意味している。そして、この世界全体についてのことでもあり、俺たちみんなが目指す考え方を示すものでもある。俺たちはみんな"黒い救世主"になれるよう志すべきなんだ。それは、ファーガソンのマイケル・ブラウン射殺事件、**エジプト革命**、**オキュパイ・ウォールストリート**など、これ以上我慢がしがたい状況に対して変化を求めるべく決起しているすべての場所のすべての人々についてのこと。ひとりのカリスマ的なリーダーを称賛するということではなく、大勢のそういった人々を讃えるということ。このアルバムのすべての曲が政治的メッセージの強いものではないが、このアルバムを『Black Messiah』と呼ぶことがこれらの曲について最もふさわしい風景をつくり出している。"黒い救世主"はあるひとりの人物を示すものではない。俺たちみんながリーダーであるという感覚を表現しているんだ」

● エジプト革命
近代エジプトにおける独立運動のこと。「エジプト革命」と呼ばれる事象はこれまでに3度（1919年、1952年、2011年）起こっている。

● オキュパイ・ウォールストリート
2011年にニューヨーク市マンハッタンのウォール街において発生した、アメリカ経済界、政界に対する一連の抗議運動を主催する団体名、またはその合言葉。日本語に訳すと「ウォール街を占拠せよ」となる。アメリカでは上位1％の富裕層が所有する資産が増加し続けており、格差の拡大に対する異議の申し立てとして「We are the 99%」をスローガンにした。

これは「Black Lives Matter」のムーブメントを強力に後押しする非常に力強いメッセージであり、民主運動とはなんなのか、その核心を突くような提言ともいえるでしょう。そんな『Black Messiah』から紹介する曲は、アルバム全体のトーンを象徴する「The Charade」。警官の暴行によって黒人男性が犠牲になった一連の事件にインスパイアされた曲です。サビの歌詞を引用しましょう。

ディアンジェロ＆ザ・ヴァンガード
『BLACK MESSIAH』（2014年）

> 欲しかったのは話し合う機会だけだった／でも、その代わりに手に入れたのはチョークで引かれた死体の跡／俺たちは足が血まみれになるほどに遠い道のりを歩いてきた／いつか、ある一日の終わりに必ずこの茶番劇を暴き出す／目を覆うベールを剥がして、真実に目を向けよう／そして行進を始めるんだ／決して長い時間はかからないはずだから

「Black Lives Matter」運動に対するミュージシャンからのリアクションとして、ディアンジェロの『Black Messiah』はひとつの起点になった重要作といえるでしょう。彼がアルバムリリース直後の2015年1月31日にアメリカのコメディ番組『サタデー・ナイト・ライブ』に出演してこの曲をパフォームした際、専属バンドのザ・ヴァンガードのメンバーは胸に大きく「Black Lives Matter」と書かれた衣装を着用していました。

時代を反映させることはアーティストの責務

　続いては、このディアンジェロ『Black Messiah』とほぼ同時期の2014年12月にリリースされた曲、ラッパーのコモンとR&Bシンガーのジョン・レジェンドとの共演による「Glory」です。これはキング牧師の伝記映画『グローリー／明日への行進』のテーマソングとしてつくられた曲で、アカデミー賞とゴールデングローブ賞の両方で最優秀主題歌賞を受賞するなど非常に高い評価を獲得しています。「いつかきっと栄光の日が訪れる」と高らかに歌い上げるサビの一節が印象的な歌詞は、さながら現代版「We Shall Overcome」ともいえる内容。アカデミー賞を受賞した際のコモンとジョン・レジェンドそれぞれのスピーチも実に感動的でした。

> 「先日ジョンと私はセルマに赴き、キング牧師たちが50年前に行進したのと同じ橋を訪れました。あの橋は、かつてはこの国を南北に分かつ目印でしたが、いまとなっては変化の象徴です。あの橋のスピリットは、人種、ジェンダー、宗教、セクシャリティ、社会的地位を一変させました。あの橋のスピリットは、よりよい人生を夢見るシカゴのサウスサイド出身の私を、表現の自由のために立ち上がっているフランスの人々、そして民主主義を求めて戦う香港の人たちとつなげてくれました。あの橋は希望によって築かれ、同情によって溶接され、全人類への愛によって高く架けられるのです」（コモン）

> 「ニーナ・シモンはかつてこう言っていました。いま我々が生きている時代を反映させることは、アーティストの責務であると。私たちがこの曲を提供した映画『グローリー』は、50年前に実際に起こったことに

● 世界で最も黒人が投獄される国
アメリカにおいて、アフリカ系アメリカ人が有罪判決を受けて刑務所に収監される確率は白人の5倍、ヒスパニック系のほぼ2倍という統計がある。2018年には、アメリカの総人口におけるアフリカ系市民の割合は約13％だったが、刑務所に収監されている人口の3割近くを占めた。これに対して、白人はアメリカの人口の6割以上だが、刑務所の人口の約3割だった。（『BBC News Japan』2020年06月4日の記事より）

*基づいた作品です。しかし、『グローリー』で描かれていることはいまも起こっています。公正を求める闘争は、いままさに起こっているのです。自由と公正を求める闘争は現実のものです。私たちは、**世界で最も黒人が投獄される国**に住んでいます。1850年に奴隷にされていた人々よりも、さらに多くの黒人が更生施設に入れられているのです。私たちが伝えたいのは、私たちの曲と共に行進するとき、私たちはあなたたちと共にあるということ。あなたたちを愛しています。そして行進を続けましょう」*

(ジョン・レジェンド)

先ほどキング牧師の死後真っ先にアクションを起こしたニーナ・シモンの「Why? (The King of Love is Dead)」を紹介しましたが、彼女の魂が現代のアーティストにしっかりと継承されていることを証明する素晴らしいスピーチだと思います。これは「Black Lives Matter」がまさしく「新しい公民権運動」の意志を継承するムーブメントであることを証明するものでしょう。

自分が変わらないと世界を変えることはできない

最後に紹介するのは「Black Lives Matter」運動に最も大きな影響を及ぼしているミュージシャン、ラッパーのケンドリック・ラマーです。彼は2016年2月に開催される第58回グラミー賞で最多の11部門にノミネート。これはマイケル・ジャクソン (Michael Jackson) が1983年の第26回グラミー賞で達成した12部門に次ぐ快挙ということで非常に大きな注目が集まっています。

ここで選曲したのは、そのケンドリック・ラマーが2015年3月にリリースしたアルバム『To Pimp A Butterfly』収録の「Alright」。イギリスの老舗音楽誌『NME』は『To Pimp A Butterfly』を「新しい公民権運動のサウンドトラック」と位置づけていましたが、この「Alright」に関してはアメリカのカルチャー誌『Rolling Stone』が「現代の『We Shall Overcome』」と評しています。

「Alright」ミュージックビデオ（ケンドリック・ラマー公式YouTubeチャンネルより）

　実際、「Alright」は「新しい公民権運動のアンセム」の名にふさわしいバックグラウンドをもつ曲といえるでしょう。というのも、この曲がいまアメリカの各地で行われている「Black Lives Matter」のデモでシュプレヒコールとして使われているからです。プロテスターが曲のサビのフレーズ「We gon' be alright」をコールしながら街を練り歩いている様子はYouTubeなどの動画サイトで簡単に確認することができます。「Alright」の歌詞の一部を紹介しましょう。

> いままで俺たちはずっとひどい目に遭ってきた／自尊心を保てないから社会に出たとき心が折れそうになる／オマワリたちにもいい加減反吐が出るぜ／奴らはストリートで俺たちを殺そうとしているんだ／俺はこうして牧師に許しを請おうと玄関先に立っているが、膝が震えていることもあっていつこの銃が火を噴くかわからない／でも、心配することはない／俺たちきっと大丈夫だから

　一部攻撃的な歌詞もありますが、曲調的にはジャズの要素も取り入れた非常に洗練されたサウンド。モノトーンで統一されたミュージックビ

デオも素晴らしく、映像と合わせて聴けばケンドリックのメッセージに対する理解もより深まると思います。

　そのケンドリックは、2015年12月に公開されたNPR（National Public Radio／アメリカ公共ラジオ）のインタビューでこんなことを語っていました。「I can't change the world until I change myself first」（まず自分が変わらないと世界を変えることはできない）──このケンドリックのコメントは、先ほど引用したディアンジェロの『Black Messiah』リリース時の声明文「俺たちはみんな"黒い救世主"になれるよう志すべきなんだ」というメッセージと本質的には同じことを言っていると考えています。双方の訴えに共通しているのは、誰かに頼るのではなく自分自身で立ち上がってみずからアクションを起こすこと。第58回グラミー賞で共に主要部門でのノミネートを果たしているディアンジェロとケンドリックが受賞するような展開になれば、「Black Lives Matter」や人種差別問題に対する世間の意識向上に大きな刺激を与えることになるはずです。

トランプ、ヒラリー、サンダース
大統領候補のキャンペーンソング

2016年アメリカ大統領選挙

「ザ・トップ5」（2016年2月17日放送）

3人の注目候補

　2016年11月8日の投票日に向けて、アメリカ大統領選挙の盛り上がりもいよいよ本格化してきました。今回はその候補者のなかから注目度と支持率の高い上位3人、民主党のヒラリー・クリントンとバーニー・サンダース、そして共和党のドナルド・トランプ、この3人がキャンペーンソングとしてどんな曲を使っているのか紹介します。

民衆の声を代弁するのにパーフェクトな曲

　まずは2016年2月9日、ニューハンプシャーで行われた**予備選挙**で圧勝した共和党候補のドナルド・トランプ。彼の過激な発言は日本でもたびたび報じられていますが、ミュージシャンは民主党支持者が多いせいもあってトランプが集会でなにかしらの曲を使うたびに使用の中止を求める抗議の声が上がる状況が続いています。そんななか、現状唯一トランプが公式に使用許可をもらった曲がトゥイステッド・シスター（Twisted Sister）の「We're Not Gonna Take It」。1984年のヒット曲です。

● **予備選挙**
本選挙の候補者を絞り込むために、その事前に行われる選挙のこと。アメリカの大統領選挙では、選挙の年に各州で行われ、共和党・民主党の公認候補がひとりに絞られる。2016年の大統領選挙においては大統領候補として共和党からはドナルド・トランプが、民主党からはヒラリー・クリントンがそれぞれ指名された。

トゥイステッド・シスターは、1980年代に人気を博したヘビーメタル／ハードロックバンド。けばけばしい風貌とポップな曲調により、当時子供たちから熱烈に支持されました。この曲も本来はキッズのフラストレーションを代弁する曲としてつくられているのですが、確かに歌詞は民衆をアジテートするのにもってこいの内容です。歌詞の一部を引用しましょう。

「We're Not Gonna Take It」収録
トゥイステッド・シスター
『Stay Hungry』（1984年）

> そんなことは受け入れられない／そんなことはもうたくさんだ／俺たちにだって選ぶ権利はある／権力とは真っ向から戦ってやる／俺たちの運命を勝手に決められてたまるか／これが俺たちの人生、これが俺たちの歌／俺たちは正しいんだ／俺たちは自由だ／俺たちは戦う／お前にだってわかるはずだ

　ただ、トゥイステッド・シスターもドナルド・トランプに楽曲の使用許可を出したとはいえ、必ずしも共和党の支持者というわけではないようです。バンドのリーダー、ディー・スナイダー（Dee Snider）は今回の件についてこんなコメントをしています。

> 「ドナルド・トランプは俺の良き友人で素晴らしい男だ。俺は彼が政治のシステムをひっくり返すのをサポートしている。そして "We're Not Gonna Take It" は反逆についての歌だ。トランプがいまやっていることは、反逆以外のなにものでもない。そういった意味では民主党のバーニー・サンダースにこの曲を使ってもらっても構わないんだ。彼も同じ

ように状況をひっくり返そうとしている男だからな。もちろん、俺だってトランプの言うことすべてに賛同しているわけじゃない。でも、俺は彼のスピリットと態度を支援する。人々の我慢はもう限界を超えていて、うんざりしているんだ。*"We're Not Gonna Take It"* は、そんな民衆の声を代弁するのにパーフェクトな曲なんだよ」

トランプが大統領になったら悪夢

　ドナルド・トランプがこれまで集会などで使ってアーティスト側から抗議を受けた曲をざっと紹介しておきましょう。まずはエアロスミス（Aerosmith）の「Dream On」（1973年）。これは「夢を見ろ／夢を見るんだ／夢が叶うまで夢を追い続けよう」と歌う、エアロスミス初期の代表曲です。

　そして、R.E.M.の「It's The End of The World As We Know It (And I Feel Fine)」（1987年）。タイトルは「知っての通りこれが世界の終焉（でもとてもいい気分）」というシニカルなものですが、バンドのフロントマンであるマイケル・スタイプ（Michael Stipe）はトランプが自分たちの曲を無断で使ったことに激怒して「恥を知れ！　この哀れで目立ちたがりで強欲な小心野郎！　なにをしやがるんだ！　俺たちの音楽や俺の声をお前らの間抜けな選挙キャンペーンに使うんじゃねえ！」とコメントしています。

　ほかにもトランプは、アデル（Adele）の「Rolling In The Deep」（2010年）や「Skyfall」（2012年）、さらにはローリング・ストーンズ（The Rolling Stones）の「Brown Sugar」（1971年）や「Sympathy for the Devil」（1968年）なども使用。どれももれなくアーティストからのクレームを受けています。ローリング・ストーンズのギタリスト、キース・リチャーズ（Keith Richards）は「ドナルド・トランプが大統領になったら最悪の悪夢だ」とコメントしていました。

そんなトランプがキャンペーンで使用した曲のなかでも特に疑問だったのが、マイケル・ムーア監督の映画『華氏911』(2004年) のエンドロールでも流れていたニール・ヤング(Neil Young) の「Rockin' In The Free World」(1989年)。彼はカナダ人ですが、「俺は大統領選候補の連中ではなく市井の人々のために曲をつくっているんだ」とコメント

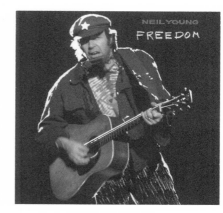

「Rockin' in the Free World」収録
ニール・ヤング『Freedom』(1989年)

してすぐさま楽曲の使用禁止を訴えました。なお、彼はそれに合わせて「俺はバーニー・サンダースを支持する」とも表明しています。

トランプの不可解な選曲

興味深いのは、この「Rockin' In The Free World」はリリース当時政権を担っていたジョージ・H・W・ブッシュ大統領と共和党を痛烈に批判した歌であるということです。1980年代末のアメリカ、低所得者が置かれた過酷な現実を綴った歌詞の一部を引用しましょう。

> ある夜、古びた街灯のもと、ごみ箱のそばで赤ん坊を抱いている女を見た／彼女は赤ん坊を置いて、ヤクを打つために立ち去った／きっと彼女は自分の人生を憎んでいるだろう／そして、これまで自分がやってきたことも／これでまたひとり、学校に行くことも、恋に落ちることも、ク

● ホームレスのための「千の光」
ジョージ・H・W・ブッシュが立ち上げたボランティア活動のための非営利団体「Thousand points of light」のこと。

> ールに振る舞うこともできない子供が増えてしまった／俺たちには**ホームレスのための「千の光」**がある／親切で優しいマシンガンも、デパートも、トイレットペーパーも、オゾン層を破壊する発泡スチロールも／希望を持ち続けろという者もいれば、燃やす燃料も、走るための道もある／自由な世界でロックしよう／自由な世界でロックし続けるんだ

　こうして共和党を糾弾したプロテストソングを共和党候補のトランプがキャンペーンソングとして使用するという、なんとも不可解な事態。ある意味、この選曲にトランプのスタンスの曖昧さが表れているのではないでしょうか。あえて深読みをすると、当時のブッシュ政権を批判した「Rockin' In The Free World」を使うことによって同じ共和党候補のライバル、ジェブ・ブッシュを牽制したという見方もできなくはないですが……まあ、それは考えすぎでしょう。なお、ニール・ヤングは自身の政治的スタンスについて次のような声明を発表しています。

> 「俺はカナダ人だからアメリカで投票をすることはできないが、それ以前に最近のアメリカやそのほかの国での政治が置かれている体制が気に食わない。民主主義は、ますます企業の利益のために乗っ取られていく。大統領選に出馬するための資金、特別な利権団体のロビー活動に費やされる資金、そして拡大していく経済格差や潤沢な資金を背景にして次々と通過していくさまざまな法案。これらは、人々の生活よりも企業の利益を優先させたものなんだ」

あなたの応援ソングをつくりたい

　続いては民主党候補のヒラリー・クリントン。彼女がキャンペーンソングとして使っているのは、ケイティ・ペリー（Katy Perry）の「Roar」。2013年に全米チャートで1位に輝いた大ヒット曲です。タイトルの「Roar」は「ガオーッ！」といった猛獣の雄叫びのことで、ケイティ曰く「これは自分のために立ち上がる人たちについて歌った曲」。歌詞ではこんなメッセージを歌っています。

たとえ押さえつけられても私は立ち上がった／さあ、埃を払い落として／聞こえるでしょ？／この声が、この音が／まるで大地を震わす雷のよう／もう十分、準備は整った／いまだったらなにもかもがわかる／この目に宿る虎の勇ましさ／燃える炎の中で踊るファイター／だって私はチャンピオンだから／この雄叫び

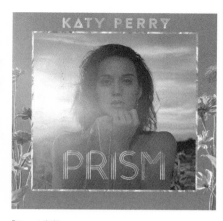

「Roar」収録
ケイティ・ペリー『Prism』（2013年）

が聞こえるはず／もっと大きく、ライオンよりも大きな声で／蝶のように舞い、蜂のように刺す／私は成し遂げた／ゼロから始めて自分自身のヒーローへ

　ケイティ・ペリーは、ヒラリーのサイン会や集会に積極的に参加するような熱心な彼女のサポーター。そんな経緯から、ケイティはTwitterを通じてヒラリーに「もし必要ならば、ぜひ私があなたの応援ソングをつくりたい」と直訴したのですが、それに対してヒラリーが「もうすでにあなたは素晴らしい曲をつくっているじゃない。あなたの雄叫び（roar）を聴かせてちょうだい」とレスポンス。こうして「Roar」がヒラリーのキャンペーンソングになりました。

アメリカを探しにやってきた

　同じ民主党候補でヒラリー・クリントンに肉薄する人気を得ているのがバーニー・サンダース。彼は2月9日のニューハンプシャー州の予備選でヒラリーに勝利していますが、ミュージシャンのなかでは左派のサンダース支持者が圧倒的に多い印象です。

「America」収録
サイモン＆ガーファンクル
『Bookends』（1968年）

　そんなサンダースが自身のキャンペーンで使用している曲は、サイモン＆ガーファンクル（Simon & Garfunkel）の「America」。1968年リリースの名盤『Bookends』の収録曲です。サンダースは1月21日にテレビ用の新しいキャンペーンCMを公開していますが、そのタイトルも同様に「America」と名づけられていました。この映像はYouTubeにもアップされているので、興味のある方はぜひチェックしてみてください。

　サイモン＆ガーファンクルの「America」のサビには「I've come to look for America」（私はアメリカを探しにやってきた）というフレーズがありますが、この歌は若い恋人同士がアメリカの真の意味を求めてヒッチハイクや長距離バスを駆使しながら大陸横断旅行をする内容。**ベトナム戦争**や公民権運動などにより、激動の時代を迎えていた当時のアメリカの社会情勢を強く反映した曲といえるでしょう。つまりサンダースはこの曲を通じて、自分と共に新しいアメリカを探す旅に出ようと国民に呼び掛けているわけです。

● ベトナム戦争
ベトナムの統一をめぐる戦争。1960年に結成された南ベトナム解放民族戦線が、1961年、北ベトナムの支援のもとに南ベトナム政府に対して本格的な抗争を開始。1963年にはアメリカが全面的に軍事介入したが、1973年のパリ和平協定を経て、1975年のベトナム民主共和国（北ベトナム）と南ベトナム解放民族戦線（解放戦線）の勝利によって終結した。

　このサイモン＆ガーファンクルの「America」を聴くと、キャメロン・クロウ監督の映画『あの頃ペニー・レインと』（2000年）の名シーンを思い出す方も多いでしょう。映画『（500）日のサマー』（2009年）でおなじみ、ズーイー・デシャネルが演じた主人公ウィリアム少年の姉アニタ。保守的な母親に辟易した彼女が自由を求めて家を出て行く場面で流れるのが、ほかでもないサイモン＆ガーファンクルの「America」でした。サンダースがこうした背景まで視野に入れて「America」を選んだかどうかはわかりませんが、曲のメッセージをしっかり吟味したうえでの選曲であることはまちがいないでしょう。ちなみにサイモン＆ガーファンクルのふたり、ポール・サイモン（Paul Simon）とアート・ガーファンクル（Art Garfunkel）はサンダースが選挙キャンペーンで「America」を使用することを快諾しています。

　というわけで、ドナルド・トランプのトゥイステッド・シスター、ヒラリー・クリントンのケイティ・ペリー、そしてバーニー・サンダースのサイモン＆ガーファンクル、計3曲紹介してきました。それにしてもまさに三者三様、曲のチョイスを通じて3人それぞれの個性がわかりやすく顕在化したのではないでしょうか。

ケンドリック・ラマー歴史的名演の光と影
問題視される黒人アーティストへの冷遇

2016年／第58回グラミー賞授賞式

「ジェーン・スー 生活は踊る」（2016年2月21日放送）

ケンドリック・ラマー受賞のゆくえ

　2016年2月15日、今年もロサンゼルスのステイプルズ・センターにて第58回グラミー賞授賞式が開催されました。第53回（2011年）以降、単独アーティストが主要4部門を複数受賞するケースが続いていましたが、今年はひさしぶりに4部門それぞれが異なるアーティストの手に渡りました。最優秀レコード賞はマーク・ロンソン（Mark Ronson）feat. ブルーノ・マーズ（Bruno Mars）「Uptown Funk」、最優秀アルバム賞はテイラー・スウィフト（Taylor Swift）『1989』、最優秀楽曲賞はエド・シーラン（Ed Sheeran）「Thinking Out Loud」、最優秀新人賞はメーガン・トレイナー（Meghan Trainor）が受賞。テイラー・スウィフトは女性アーティストとしては史上初の二度目の最優秀アルバム賞受賞を達成しています。

テイラー・スウィフト
『1989』（2014年）

　そんな今年のセレモニーで最大の焦点となっていたのが、第26回（1984年）でマイケル・ジャクソンが記録した12部門に次ぐ11部門でノミネートされていたケンドリック・ラマーの受賞のゆくえです。結論からいくと彼は最優秀ラップアル

バム賞や最優秀ラップソング賞など5部門を獲ったものの、第46回（2004年）で『Speakerboxxx/The Love Below』によって最優秀アルバム賞を手にしたアウトキャスト（OutKast）以来となるヒップホップアーティストの主要部門受賞は叶いませんでした。

グラミー史に残る名演

今回最多の5部門を受賞したケンドリックは、パフォーマンスにおいてもほかを圧倒していました。俳優のドン・チードルによる紹介の後、刑務所を模したセットのなか鎖につながれた囚人のひとりとして登場した彼はまず「ブラックであること」を讃える「The Blacker the Berry」を披露すると、続いて巨大なかがり火を囲むようにして踊るアフリカの部族を従えながら「Black Lives Matter」のテーマソングになった「Alright」へ。そしてすべての曲を終えた直後には、ケンドリックの背後に彼の地元コンプトンの名が記された巨大なアフリカ大陸のシルエットが映し出されて大団円。まるで奴隷貿易が行われていた17世紀と黒人が不当に大量投獄されている現代とを結びつけるような約6分のシアトリカルなステージは、グラミー史に残る名演としてさまざまなメディアから絶賛されています。

この日ケンドリックが披露した3曲のうち、「The Blacker the Berry」と「Alright」は「新しい公民権運動のサウンドトラック」とも評された最優秀アルバム賞ノミネート作品『To Pimp a Butterfly』の収録曲（3曲目に演じた未発表曲はのちにコンピレーション『Untitled Unmastered』に「Untitled 05 | 09.21.2014.」として収録）。そしてその2曲のうちのひとつ、「Alright」はやはり主要部門の最優秀楽曲賞にノミネートされていました。ケンドリックの授賞式のステージは多くが認めている通り確かに圧巻でしたが、主要部門での受賞が実現していたらこのパフォーマンスは真の意味で「歴史」になっていたでしょう。

君は強盗にあったようなものだ

　実際、今回の授賞式の結果を受けてヒップホップやブラックミュージックを冷遇してきたグラミーの体質に不満が噴出しています。たとえばアメリカのジャーナリスト、ホセ・アントニオ・ヴァルガスは授賞式後に自身のTwitterにこんな投稿をしていました。

> 「二度目だ。テイラー・スウィフトが最優秀アルバム賞を受賞したのはこれで二度目。だが（これまで複数回最優秀アルバム賞にノミネートされてきた）ビヨンセ、ケンドリック・ラマー、カニエ・ウェストはまだ一度も受賞していない」

　ケンドリックの受賞をめぐっては、彼が7部門でノミネートされていたにもかかわらず無冠に終わった第56回（2014年）でも同じような問題が指摘されていました。このときケンドリックを退けて『The Heist』で最優秀ラップアルバム賞を受賞した白人ラップデュオのマックルモア＆ライアン・ルイスは授賞式後、ケンドリックに対して「君は強盗にあったようなものだ。僕は君に受賞して欲しかったし、君が受賞するべきだった」との内容のメールを送っています。これをマックルモアが自身のSNSで明かしたときには、なんともいたたまれない気持になりました。

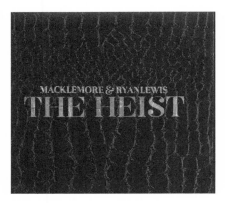

　マックルモアは、その後出演したラジオ番組中でもグラミー賞受賞の一件に触れて複雑な胸中を明かしていました。

マックルモア＆ライアン・ルイス
『The Heist』（2012年）

「祝福されたと同時に呪われたような気分だ。正直、呪いのほうが少し上回っているかもしれない。ケンドリックは友人だし、彼の音楽は大好きだ。俺の意見を言わせてもらうと、ケンドリックは2013年で最高のラップアルバム『Good Kid, M.A.A.D. City』を出した。もちろん俺たちの『The Heist』も素晴らしいアルバムだったと自負しているが、ケンドリックのほうがより上をいっていたと思っている」

一方のケンドリックは、当時『XXL』誌のインタビューでグラミー賞をこんなふうに振り返っていました。

「グラミー賞の結果には落胆していないし、別に恨みももっていない。マックルモアはやるべきことをやったのだから受賞して当然だ。すべての物事は理由があって起きている。自分がやったことはいつか自分に返ってくるんだ。ただ、グラミー賞はヒップホップカルチャーへの理解を深めるべきだとは思う。ヒップホップがほかのジャンルより劣っているということはないし、俺たちはその世界の一部であり運動の一環を担っている。もっとヒップホップに力を入れるべきだよ」

俺たちはもううんざりしている

そういえば昨年第57回（2015年）のグラミー賞授賞式でベックの『Morning Phase』が最優秀アルバム賞を受賞した際、ビヨンセの『Beyonce』を支持していたカニエ・ウェストはこれを不服として一瞬だけステージに乱入。後日出演したテレビ番組でも怪気炎を上げていました。

「ベックは芸術性に敬意を表してビヨンセに賞を譲るべきだ。グラミー賞は本物のアーティストにセレモニーに参加してほしいのであれば、これ以上ふざけた真似をするのは止めたほうがいい。俺たちはもうほとほとうんざりしている。音楽の歴史における記念碑のような作品を残したにもかかわらず、アートにリスペクトを示すことなく大勢の人々の前で

> 顔を殴るようなことをずっと続けているんだ。インスピレーションに対する冒涜を働いているに等しいね」

この発言に関してのちにカニエはベックに謝罪していますが、意外にも当のベックは「僕もビヨンセが受賞すべきだったと思う」とカニエの意見に理解を示しました。

> 「僕はカニエがステージに上がってきてうれしかったんだ。だって彼はステージに上がる権利があるアーティストだと思うからね。カニエがこの5年のあいだにどれだけ素晴らしいアルバムを残してきたと思う？そもそも僕だってビヨンセが獲ると思っていたんだ。だってビヨンセなんだぜ？」

カニエ・ウェストの言動の是非はともかく、黒人アーティストのグラミー賞に対するフラストレーションはもはや限界に達しているといっていいでしょう。ちなみに2006年からのこの10年で最優秀アルバム賞を受賞した黒人アーティストは第50回（2008年）でのジャズピアニスト、ハービー・ハンコック（Herbie Hancock）のみ。受賞作はジョニ・ミッチェル（Joni Mitchell）のカバー集『River: The Joni Letters』でした。

Love Trumps Hate 〜愛は憎しみに勝る
「打倒トランプ」を掲げたアーティスト

アメリカ大統領選、トランプが勝利 ①

「ジェーン・スー 生活は踊る」（2016年11月11日放送）

ヒトラーが現実のものに

　アメリカ大統領選の開票が、2016年11月8日に行われました。結果は皆さんご存知の通り、民主党候補のヒラリー・クリントンを退けて共和党候補のドナルド・トランプが勝利をおさめました。

　ドナルド・トランプは選挙期間中、ローリング・ストーンズの「You Can't Always Get What You Want」（1969年）をキャンペーンソングとしてバンド側に無許可で使用していました。ストーンズは使用中止を求める抗議をしたものの、懲りないトランプは勝利宣言を終えて退場する際に引き続き「You Can't Always Get What You Want」をバックに流しながら去っていったとのこと。ストーンズのキース・リチャーズは以前より「トランプが大統領になったら悪夢だ」とコメントをしていましたから、きっといまごろ激昂しているのではないかと思われます。

「You Can't Always Get What You Want」収録
ローリング・ストーンズ
『Let It Bleed』（1969年）

　人種差別を煽り女性蔑視発言を繰り返してきたトランプに対しては、このローリング・ストーンズに限らずほとんどのミュージシャンがアンチの姿勢を打ち出していました。そんなこともあって、トランプの勝利が報じられた直後には多くのミュージシャンがSNSを通じて一斉に失望／落胆の意を表明。アリアナ・グランデ（Ariana Grande）が「well this is utterly terrifying」（本当におそろしい）、パブリック・エネミー（Public Enemy）のチャックD（Chuck D）が「Hitler is real」（ヒトラーが現実のものに）と投稿するなど、まるでこの世の終わりのようなムードになっていましたが、時間の経過と共に人々に団結を促して鼓舞するような力強いメッセージが目につくようになってきています。

　これは日本でも大きく報じられましたが、たとえばレディー・ガガは選挙の結果が報じられたあとすぐにマンハッタンのトランプタワーに駆けつけて「Love Trumps Hate」（愛は憎しみに勝る）と書かれたプラカードを掲げて抗議活動を行っています。また、ヒラリー・クリントンの熱心な支持者であるケイティ・ペリーは自身のTwitterを通じて「WE WILL NEVER BE SILENCED」（私たちは絶対に屈しない）と、さらにマドンナ（Madonna）は「A New Fire Is Lit. We Never Give Up. We Never Give In'」（新しい火が灯された。私たちは絶対にあきらめない。私たちはなにがあっても屈しない）とメッセージを発信して失意にくれる人々を勇気づけていました。

ヒラリーを支援する大物アーティストたち

　ここで、反トランプ／ヒラリー支持を打ち出していたミュージシャンたちが選挙期間中に取った行動を振り返ってみましょう。ミュージシャンの動きがぐっと活発化してきたのは、投票日である11月8日の4日前、11月4日あたりから。特にヒラリーを支援する無料コンサートは投票日

● Love Trumps Hate
日本の一部のメディアでは「トランプは嫌い」と誤訳されたが、ここで使われている「Trump」という動詞には「打ち勝つ」という意味があり（トランプ大統領の名前とかけた皮肉）、「愛は憎しみに勝る」という訳が適切である。

に向けてほぼ毎日のように行われていたような状況でした。

　主なところでは、ビヨンセ、ジェイ・Z、ブルース・スプリングスティーン、スティーヴィー・ワンダー、ボン・ジョヴィ、レディー・ガガ、マドンナなど、名だたる大物ミュージシャンがヒラリーをサポート。投票を促す無料コンサートやパフォーマンスを開催しています。日本のメディアでは「ヒラリー優勢」が伝えられていましたが、こうした積極的なアクションからすると現地のミュージシャンたちにはかなり強い危機感があったのでしょう。

歌い継がれるイラク戦争の反戦歌

　そんな動きのなかから、まずはパンクバンドのグリーン・デイ（Green Day）による「American Idiot」を紹介しましょう。彼らは11月6日にオランダで開催されたMTVのイベント『MTV Europe Music Awards』に出演して「American Idiot」を演奏したのですが、これはもともと2004年にリリースされた曲。当時なし崩し的に**イラク戦争**へと突入していったブッシュ政権を痛烈に批判した反戦歌です。タイトルの「American Idiot」は直訳すると「バカなアメリカ人」という意味になりますが、曲の冒頭ではこんなことを歌っています。

> *バカなアメリカ人にはなりたくない／メディアに支配されるような国はごめんだ／あのヒステリックな音が聞こえるか？／いつの間にかアメリカは頭のなかを操られちまっている*

● イラク戦争
2003年3月、イラクのサダム・フセイン政権打倒を目的に、アメリカとイギリスを主体とする有志連合が軍事作戦を開始して始まった戦争。アメリカは「イラクが大量破壊兵器を開発している」ことを戦争の大義とした（イラクが大量破壊兵器を開発しているという証拠はなく、のちにその大義は虚偽だったと判明している）。2011年12月14日、米軍の完全撤収によってバラク・オバマ大統領（当時）が、イラク戦争の終結を正式に宣言した。

グリーン・デイは今回の「American Idiot」のパフォーマンスにおいて、この「アメリカは頭のなかを操られている」（The subliminal mind fuck America）の一節を「アメリカはトランプに侵されている」（The subliminal mind Trump America）と歌詞を変えて歌いました。

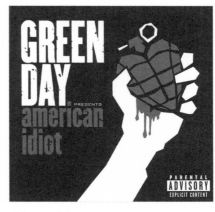

グリーン・デイ
『American Idiot』（2004年）

本来イラク戦争の反戦歌としてつくられた「American Idiot」が、トランプの当選に伴ってまた新しい意味を帯びてくるような気がしています。YouTubeにアップされている「American Idiot」の公式ミュージックビデオのコメント欄を見てみると「いまこそ聴かれるべき歌」「これこそが新しいアメリカの国家だ」などという意見もありました。この様子からすると、今後反トランプのアンセムとして「American Idiot」を聴く機会、歌われる機会はさらに増えていくことになると思います。

「30日で30曲」の反トランプ企画

そのほか大統領選投票日に向けたミュージシャンによる反トランプの動きとして、注目を集めていたのが『30 days, 30 songs』というキャンペーン。これは「30日で30曲」の名前からもわかるように、投票日の1ヶ月前から1日1曲ずつミュージシャンたちが反トランプのメッセージソングを公開していくというもの。このキャンペーンはスタート以降参加希望者が増えていって最終的には『30 days, 50 songs』（30日で50曲）にまで規模が拡大しました。キャンペーンを通じて公開された楽曲は日本の各サブスクリプションサービスでも聴くことができます。

エイミー・マン
「Can't You Tell?」（2016年）

そんな『30 days, 30 songs』キャンペーンから一曲、エイミー・マン（Aimee Mann）の「Can't You Tell?」を紹介したいと思います。彼女は映画『マグノリア』（1999年）の主題歌を歌っていたシンガーソングライター。「Can't You Tell?」はちょっとひねった内容で、トランプの頭のなかに潜り込んで彼の視点から歌ったツイストの効いた歌詞になっています。大意を紹介しましょう。

馬鹿野郎どもが仲間の前で俺を笑い者にする／メディアは俺を道化のように報じるが／俺に言わせりゃ大衆が俺を道化に仕立てようとしているんだ／誰か俺を止めないのか？／俺はこんな仕事につきたくない／こんな仕事はやりたくないんだ／俺は気分が悪いんだ

当選を阻止するための新作リリース

11月8日の投票日を狙いすましてニューアルバムを発表したアーティストもいます。社会派ラッパー、コモンが投票日直前の11月4日にリリースした新作『Black America Again』。このアルバムが選挙を視野に入れてつくられたこと、もっといえば「打倒トランプ」を意図してつくられたことはタイトルの『Black America Again』からも明らかでしょう。言うまでもなく、このタイトルはトランプのスローガン「**Make America Great Again**」をもじったもの。差別的な発言を繰り返すトランプに対する、黒人アーティストからの怒りのレスポンスです。

そんな『Black America Again』から、アルバムの最後に収録されているゴスペル調の重厚なナンバー「Letter To The Free」を紹介します。この曲の二番にはこんな一節があります。「Shot me with your ray-gun / and now you want to trump me」（レーザー銃で俺たちを撃った奴らが／今度は俺たちを欺こうとしている）。これはいわゆるワードプレイ（言葉遊び）と呼ばれるもので、「レーザー銃」（ray-gun）が暗示しているのは第40代アメリカ大統領ロナルド・レーガン大統領のこと。続く「you want to trump me」の「trump」は言うまでもなくドナルド・トランプに引っ掛けたものになっています。黒人コミュニティはレーガン政権時代に**レーガノミクス**によって苦渋を味わっている背景があり、そこに今回のトランプの台頭を重ね合わせて「あの悪夢が再びやってくる」と警鐘を鳴らしているというわけです。このあとには、こんな歌詞が続きます。

コモン
『Black America Again』（2016年）

● **Make America Great Again**
ドナルド・トランプが2016年の選挙に使用したおなじみのスローガン。実はオリジナルは、1980年にロナルド・レーガンが大統領選キャンペーンで使用した「Let's Make America Great Again」というフレーズである。なお、トランプは2012年にこのフレーズを商標登録している。（参考資料：『Newsweek日本版』2019年2月19日の記事）

● **レーガノミクス**
1980年代にアメリカのロナルド・レーガン大統領がとった経済政策の通称。所得税と企業への税金を引き下げ、福祉予算を減らし、巨額の財政赤字と貿易赤字を生み出した。

俺たちはいま 再び憎悪と直面することになった／奴らはこの憎悪が「アメリカを再び偉大な国にする」なんて言ってるんだ／アメリカが前進できるかどうかは「黒人の命の問題」に関わっている／奴らを自由にしてやれば／きっと俺たちも自由になれるだろう／アメリカがジーザスにジャッジされるときがきた

　コモンがこのタイミングでニューアルバムをリリースした最大の目的は、もちろんトランプの当選を阻止するためでしょう。ただ、この「Letter To The Free」の歌詞を読み込んでいくと、彼はもう少し先のことも視野に入れている印象を受けます。それは仮にヒラリー・クリントンが当選していたとしても、一度こうして憎悪の感情がバラまかれて煽動された以上、マイノリティにとっては厳しい現実と直面せざるを得ないだろうということ。もっとも、コモンも完全に悲観的になっているわけではありません。彼は「Letter To The Free」のサビで「自由になれる／いまを耐えよう あと少しだ」と歌ってリスナーを鼓舞しています。

　なお、このコモンの「Letter To The Free」をテーマソングに使用しているのが、第89回アカデミー賞で長編ドキュメンタリー映画賞にノミネートされたNetflixのドキュメンタリー『13th −憲法修正第13条−』（2016年）。アメリカの根深い黒人差別問題に踏み込んだ骨太な一本、現代アメリカを知るうえで必見の作品です。

『13th −憲法修正第13条−』（2016年）エイヴァ・デュヴァーネイ監督作。アメリカでアフリカ系アメリカ人が「犯罪者」として逮捕されやすい事実を学者、活動家、政治家が分析し、廃止されたはずの奴隷制度が現代もなお「形を変えて残っている」と告発するドキュメンタリー映画。

これからの4年間、徹底的に闘う
トランプ当選後のアーティストの反応

アメリカ大統領選、トランプが勝利 ②

「ジェーン・スー 生活は踊る」（2016年11月27日放送）

トランプ当選後、最初の週末

　アメリカ大統領選でのドナルド・トランプ当選から約2週間。ここでは、その結果を受けての主なミュージシャンの反応を紹介していきたいと思います。

　まずはトランプの当選が決まってからアメリカが迎えた最初の週末となった11月12日の夜、老舗コメディ番組『サタデー・ナイト・ライブ』に出演したヒップホップグループ、ア・トライブ・コールド・クエスト（A Tribe Called Quest）の「We the People....」のパフォーマンスです。

　この日の『サタデー・ナイト・ライブ』は番組全体が大統領選の結果を受けた構成がとられていました。オープニングを担当したのは、リブート版『ゴーストバスターズ』（2016年）で主演を務めたコメディエンヌ、ケイト・マッキノン。彼女は今回の選挙で敗れたヒラリー・クリントンのコ

「We the People....」収録
A Tribe Called Quest
『We Got It Here...
Thank You 4 Your Service』（2016年）

スプレで現れると、投票日前日の11月7日に亡くなった偉大なシンガーソングライター、レナード・コーエン（Leonard Cohen）のトリビュートとして彼の代表曲「Hallelujah」(1984年) をピアノの弾き語りで披露しました。「ハレルヤ、主に感謝し、喜びと賛美を」──ケイトは歌い終えると、カメラに向かって「私はあきらめません。きっと皆さんもあきらめるつもりはないと思います」と視聴者に向けて力強いメッセージを送りました。

　ケイトに続いては、この日の番組ホストを務めた黒人コメディアンのデイヴ・シャペルが登場。「俺たちはついにインターネットトロール（ネットの釣り師／荒らし屋）を大統領に選んじまったんだ！」と切り出した彼は、人種差別に抗議したNFLサンフランシスコ・フォーティーナイナーズの**コリン・キャパニック**、**フロリダ州オーランドのゲイクラブで起きた銃乱射事件**、Black Lives Matter、**トランプの女性蔑視発言**と彼が掲げる富裕層優遇の税制改革案などに触れると、最後はバラク・オバマ大統領が10月21日に開催したホワイトハウスでの最後のパーティー（BETにて『BET Presents Love & Happiness: An Obama Celebration』として放送）に出席した件に言及して約10分のスピーチを締めくくりました。

● **コリン・キャパニック**
アメリカンフットボール選手。ここで話題になっているのは、2016年8月26日に行われたプレシーズンマッチで、国歌斉唱の際、彼がベンチに座ったまま起立を拒否したことである。彼はその理由を「黒人や有色人種への差別がまかり通る国に敬意は払えない」と説明し、人種差別への抗議であるとした。

● **ゲイクラブで起きた銃乱射事件**
2016年6月12日にオーランドにあるゲイナイトクラブ『Pulse』で発生した銃乱射事件。50人が死亡し53人が負傷した。犯人のオマール・マティーンは、現場に駆けつけた警官隊と銃撃戦の末に死亡。マティーンの父親は「息子は最近、マイアミ市内で男性同士がキスする様子を見て激怒していた」と証言しており、同性愛嫌悪による犯行とも見られている。

● **トランプの女性蔑視発言**
「相手がスターなら、女性はなんでもやらせる」「女性は35歳まで」「（自分に批判的な女性作家に対して）外見も内面も魅力がない」など、トランプ大統領の女性蔑視発言は、報道されて問題になっているだけでも数多く存在する。

「本当に美しい夜だったよ。黒人ばかりのとても盛大なパーティーさ。壁には歴代の大統領の肖像画が飾られていた。これは定かではないんだけど、初めてホワイトハウスに招かれた黒人は1863年のフレデリック・ダグラスと聞いたことがある。門のところで止められてしまった彼を、エイブラハム・リンカーンは直々に迎えに行ったそうだ。俺が知る限り、以降セオドア・ルーズベルトが1901年にブッカー・T・ワシントンを招くまで、黒人がホワイトハウスに足を踏み入れることはなかったはずだ。もっとも、ルーズベルトは保守メディアからバッシングを受けてもう黒人を招待するのはやめようと誓ったらしいけどね。あの日の夜は、みんなの幸せそうな顔を見ながらそんなことを考えていた。ひとりのアメリカ国民として誇りを感じたし、今後の見通しも明るいものに思えたんだ。だから、俺はドナルド・トランプの幸運を祈る。そして、彼にチャンスを与えたい。トランプが、俺たちのような歴史的に権利を奪われてきた人々に等しく機会を与えることを要求するよ」

おまえら悪者はみんな出て行け

そのデイヴ・シャペルの呼び込みでステージに上がったのが、この日の音楽ゲスト、1990年代に一時代を築いたア・トライブ・コールド・クエスト（以下、ATCQ）でした。ATCQはこの放送の前日、11月11日に18年ぶりのニューアルバム『We Got It Here... Thank You 4 Your Service』をリリースしたばかり。これも以前に取り上げたコモンの『Black America Again』同様、今回の大統領選を狙いすましてアルバムのリリース日を設定したと考えてまちがいないでしょう。

ATCQの中心メンバー、Qティップ（Q-TIP）が「みんな拳を上げてくれ。俺たちはひとつ、俺たちはこの国の国民なんだ」と告げると、彼らは新作から痛烈なトランプ批判を含む「We the People....」をパフォームしました。曲のタイトルは「We the People of the United States」で始まるアメリカ合衆国憲法の前文を引用したもの。この前文では「我々合衆国の国民は、より完全なる統合を形成し、正義を樹立し、国内の安

寧を保障し、共同体の防衛に備え、一般の福祉を促進し、我々とその子孫の自由の恩恵を確保する目的をもって、ここにこのアメリカ合衆国憲法を制定し確立する」と宣言されています。

そんな「We the People....」のサビにおいて、ATCQはこんなラップをしています。

> おまえら黒人はみんな出て行け／メキシコ人もみんな出て行け／それから、貧乏人たちもみんな出て行け／ムスリムにゲイ、おまえたちのやり方が嫌いなんだよ／だから、おまえら悪者はみんな出て行け

これはもろにトランプの移民排斥論やマイノリティへのヘイトスピーチを連想させる内容ですが、つまりATCQは合衆国憲法の前文を引用したタイトルとトランプの暴言を重ね合わせることによって、理想や建前から大きくかけ離れたいまのアメリカ社会の現実をあぶり出しているわけです。

悪評も宣伝のうち

このように12日放送の『サタデー・ナイト・ライブ』は出演者と番組スタッフの意気を強く感じさせる内容でしたが、2011年に解散したロックバンドR.E.M.のフロントマン、マイケル・スタイプは近年の『サタデー・ナイト・ライブ』について7日のラジオ番組出演時にこんな見解を述べていました。「今回のドナルド・トランプの躍進は『サタデー・ナイト・ライブ』をはじめとするメディアやエンターテインメントカルチャーの対応が、結果的に彼を後押しすることになったのではないだろうか」と。

振り返ってみると大統領選が本格的にスタートして以降、『サタデー・ナイト・ライブ』は俳優のアレック・ボールドウィンがトランプを演じるコントを番組の人気コンテンツとして前面に打ち出していました。マ

イケル・スタイプは『サタデー・ナイト・ライブ』が毎週のようにトランプを茶化し続けた結果、泡沫候補と見なされていた彼を勢いづかせることにつながったと主張しているわけです。「There's no such thing as bad publicity」（悪評も宣伝のうち）という言葉がありますが、まさにからかっているつもりがプロモーションに加担していたということなのでしょう。

マイケル・スタイプは2015年、ドナルド・トランプが選挙活動時にR.E.M.の「It's The End Of The World As We Know It (And I Feel Fine)」を無断使用したことに激怒していました。彼は先日紹介した反トランプのミュージシャンによるキャンペーン「30 days, 30 songs」（30日で30曲）にR.E.M.の1998年作「World Leader Pretend」の未発表ライブバージョンを提供していた経緯もあるので、今後音楽を通じてトランプに対する具体的な意志表示をする可能性も大いに考えられます（註：このあと、マイケル・スタイプは2018年3月24日に開催された銃規制を訴えるデモ「March for Our Lives」に参加。併せて運動をサポートする初のソロ曲「Future, It Future」を公開している）。

ここではマイケル・スタイプが「30 days, 30 songs」に提供したR.E.M.「World Leader Pretend」（世界のリーダー気取り）のライブバージョンを聴いてもらいましょう。この曲のオリジナルバージョンが

R.E.M.
『Green』（1988年）

● March for Our Lives
2018年3月24日にワシントンD.C.で行われた学生主導のデモ。2018年2月14日にフロリダ州で発生したマージョリー・ストーンマン・ダグラス高校銃乱射事件を受けて開催され、銃規制の強化の必要性を訴えた。ワシントンD.C.以外でも、全米各都市で関連デモが行われている。「March for Our Lives」とは「命のための行進」という意味である。

収録されているR.E.M.のアルバム『Green』は、ブッシュ大統領（パパ・ブッシュ）が当選した1988年11月8日のアメリカ大統領選投票日当日にリリースされたという背景があります。歌詞の大意は「ここにあるのは私の世界／私はこの世界の指導者のふりをして遊んでいるんだ／私にはこの世界を自分に合うようにつくり上げる自由が与えられている／自分で設計した壁を張りめぐらせていくのさ」という内容。この部分はトランプの移民政策はもちろん、同時にイギリスのEU離脱をも連想させる、現代でも十分有効なメッセージだと思います。

人気ラッパーがつづった「水曜日の朝」

　続いて紹介するのは、ラッパーのマックルモアが11月18日にリリースしたシングル「Wednesday Morning」。マックルモアは「マックルモア＆ライアン・ルイス」としての活動で知られる白人ラッパー。2013年に「Can't Hold Us」と「Thirft Shop」の2曲の全米ナンバーワンヒットを放って一躍ブレイクを果たしました。その成功を受けての2014年のグラミー賞では最優秀新人賞ほか計4部門を受賞しています。

　「Wednesday Morning」は「水曜日の朝」というタイトルからもわかるように、トランプの当選から一夜明けた11月9日の朝の所感をつづった曲になっています。グラミー賞を受賞しているような有名アーティストがトランプ当選のリアクションを曲にして、さらに商品として流通させたケースは、おそらくこのマックルモアが最速だったのではないでしょうか。基本的にカジュアルな表現であるヒップホップ／ラップは、曲づくりの敷居が極端に低いぶん世の中の動きに対して素早くリアクションすることが可能です。要はオケ（トラック）さえあれば、そこにラップを乗せてすぐに発表できるということ。「たったいま起きたこと」を即座に曲にできるフットワークの軽さこそ、ヒップホップという音楽／表現の大きな強みのひとつでしょう。

マックルモア
「Wednesday Morning」（2016年）

では、マックルモア「Wednesday Morning」の歌詞の一部を紹介しましょう。彼はまさに「Wednesday Morning」となる11月9日の朝、自身のInstagramに娘の寝顔の写真と長文のメッセージをポストしていますが、きっとこの投稿が曲のモチーフになっているのでしょう。

口の中で嫌な味がしている／家のソファーに座って世の中が変わるのを待っていた／「狂った世の中だ」とテレビ番組の司会者が繰り返し言っている／娘がベッドで寝ているあいだ、自分の頭を冷静に保とうとしていた／彼女が起きたとき、世の中は変わらず平穏だろうか？／彼女がこの国を怖がるような未来がやってくるのだろうか？／そうならないことを祈っている／それにしても、最悪の夜だ／ヒューマニティー（人間らしさ）は決してあきらめてはいけない特権／奴らが壁をつくるなら、俺たちは橋をかける／これはレジスタンスだ／必ず跳ね返してやる。奴がヘイトを広めようとするときこそ、俺たちがまぶしく輝くとき／子供たちの声を安心して聞けるようになるまで、ミリオンマーチを続けよう

この国には隔たりがあることに気がついた／こんなのは本質じゃない／俺の娘は知らない他人をハグすることができる／娘には「気をつけろ」とは教えたが「憎しみは持つな」と説明した／怒りが充満している／これが俺たちの世界／そんな場所で娘を育てている／彼女が明日の朝に目を覚ましたとき、これが夢だったらどんなにいいだろう／虐げられている人々のために戦う／憲法第一条のために戦う／宗教や表現の自由のた

スモール出版の本は、全国の書店、ネット書店などでお買い求めいただけます。

2020年9月発行／スモール出版（株式会社スモールライト）

テレビ

『ことわざアップデートBOOK』
TOKYO MX「5時に夢中!」・編

古くから伝わる「ことわざ」を現代風にアップデート!! 2015年に始まった、TOKYO MX「5時に夢中!」の大人気コーナー「ことわざアップデート」がファン待望の書籍化!

四六判並製／モノクロ(巻頭8ページカラー)／128ページ／ISBN978-4-905158-70-7／定価1200円＋税

ボディビル

『ボディビルのかけ声辞典』
公益社団法人 日本ボディビル・フィットネス連盟・監修

「肩にちっちゃいジープのせてんのかい」ボディビルコンテストで飛び交う「かけ声」は、鍛え抜かれた肉体美への称賛メッセージだ! かけ声から紐解く、ボディビルの世界。

A5判並製／フルカラー／96ページ／ISBN978-4-905158-58-5／定価1400円＋税

社会評論

『「悪くあれ!」窒息ニッポン、自由に生きる思考法』
モーリー・ロバートソン・著

日本社会の中で窮屈な「グリッド」に縛られず「自立した個人」であり続けるための方法がここにある! ハーバード大学卒の著者による「悪い生き方」の指南書。

四六判並製／モノクロ／216ページ／ISBN978-4-905158-51-6／定価1500円＋税

ボードゲーム

『ボードゲームカタログ 202』すごろくや・編

ボードゲームの専門店・すごろくやが、おすすめのボードゲーム・カードゲームを厳選した書籍『ボードゲームカタログ』『ボードゲームカタログ 201』の最新改訂版! 初心者から愛好家まで、ボードゲームがもっと楽しく、もっと好きになるガイドブックです。

A5判並製／フルカラー／136ページ／ISBN978-4-905158-53-0／定価1800円＋税

音楽

『NAS イルマティック』
マシュー・ガスタイガー・著／押野素子・翻訳／高橋芳朗・監修

今なお語り継がれるヒップホップの歴史的名盤はどのように生まれたのか？ 時代を超越した名盤、NAS『Illmatic』制作の秘密に迫り、アルバムを深く理解する手助けとなる書。

四六判並製／モノクロ／240ページ／ISBN978-4-905158-39-4／定価1800円＋税

スモール出版の本

めに戦う／女性の権利のために戦う／彼女たちがそれをどう思っていよ
うとも／ゲイの人々とも共に進む／誰もが結婚できるために戦う／カナ
ダに引っ越したりなんかしない／この国から逃げたりしない／無関心で
なんていられない／涙も愚痴もこれ以上こぼさない／これからの4年間、
俺たちの身に起こることと徹底的に戦おう／娘は俺の腕のなかにいる／
別に奴がこの娘を育てるわけじゃないんだ／ただ、口の中にずっと嫌な
味が広がっている

No Trump, No KKK, No fascist USA

　最後は以前に「American Idiot」を取り上げたグリーン・デイの作
品を紹介しましょう。彼らが10月7日にリリースしたニューアルバム
『Revolution Radio』からの第一弾シングル「Bang Bang」。この曲は
ドナルド・トランプを直接攻撃しているわけではなく、現代社会にはび
こる病理を題材にしていますが、グリーン・デイは11月21日に開催さ
れた『American Music Awards』で「Bang Bang」を演奏した際、間
奏の部分で「No Trump, No KKK, No fascist USA」というスローガ
ンを繰り返しオーディエンスに歌わせていました。このフレーズはテキ
サスのハードコアパンクバンド、MDCが1982年に発表した「Born to
Die」の一節「No war,
No KKK, No fascist
USA」を引用してアレン
ジしたものになっています。

グリーン・デイ
『Revolution Radio』（2016年）

グリーン・デイのボーカリスト、ビリー・ジョー・アームストロング (Billie Joe Armstrong) は、このパフォーマンスについてこんなコメントをしています。

> 「僕たちは大統領選の結果についてとてもショックを受けている。今回のステージがトランプの馬鹿げた政策やヘイトスピーチに挑んでいくにあたって、良い影響を与えられたらと思っている」

トランプ当選後に各音楽配信サービスでの再生回数が跳ね上がったという「American Idiot」共々、この「Bang Bang」もまた反トランプのアンセムとして歌われていくことになりそうです。

このあとのアメリカの音楽業界の大きな動きとしては、2017年2月12日に第59回グラミー賞授賞式が開催されます。近年のセレモニーでは人種差別やLGBTQなど政治的なイシューが反映されることが多く、今回もスピーチやパフォーマンスを通じて反トランプのメッセージを発信するミュージシャンが出てくるのは必至でしょう。

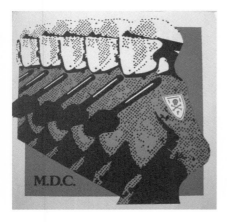

「Born To Die」収録
MDC
『Millions of Dead Cops』（1982年）

さぁ、いまこそフォーメーションを組もう
全米を揺るがしたビヨンセの宣戦布告

ビヨンセ「Formation」

「ジェーン・スー 生活は踊る」（2016年12月16日放送）

2016年のベストソング

　2016年のベストソングを選ぶならば、真っ先に挙げたいのがビヨンセの「Formation」です。**黒人歴史月間** (Black History Month) が始まって間もない2016年2月6日、アルバム『Lemonade』の先行シングルとしてサプライズリリースされたこの曲は、来年2017年2月開催の第59回グラミー賞で最優秀レコード賞、最優秀楽曲賞、最優秀ミュージックビデオ賞など、主要2部門を含む3部門にノミネート。『TIME』誌や『Rolling Stone』誌をはじめとする大手メディアの年間音楽ランキングで1位に選出されているほか、2016年最も Google 検索された曲であることも判明しています。

> 私のパパはアラバマ生まれ、ママはルイジアナの生まれ／黒人にクレオールを足して生まれたのがテキサス娘の私／娘のかわいいアフロヘアが大好き／自分の黒人らしい鼻も大好き／ジャクソン・ファイヴみたいじゃない？／どれだけお金を稼いでも自分のルーツは忘れない／バッグのなかにはいつもホットソースを入れてるの／イケてるでしょ

　この「Formation」は人種差別や警官の暴力を糾弾する曲であり、黒人と女性の自覚や誇り、連帯を促す曲でもありますが、曲に込められ

● **黒人歴史月間**
1926年に始まった記念月間。芸術、音楽、科学、政治、教育、スポーツなどの分野におけるアフリカ系の貢献を讃える。アメリカとカナダでは2月に祝われ、アイルランド、オランダ、イギリスでは10月に祝われる。

ているメッセージを理解するにはニューオーリンズを舞台に数々の政治的イメージをちりばめたミュージックビデオを見てもらうのが手っ取り早いかもしれません。2007年以降ビヨンセの映像をメインで手掛けている女性ディレクターのメリナ・マトソウカスは『The New Yorker』のインタビューを受けて、「Formation」のミュージックビデ

ビヨンセ
「Formation」（2016年）

オの製作にあたってトニ・モリスン、マヤ・アンジェロウ、オクティヴィア・バトラーといった黒人女性作家の思想を研究したこと、マルディグラ（ニューオーリンズで開催されるカーニバル）からロサンゼルス暴動に至るアメリカ黒人史のさまざまな抗議運動やパレードから着想を得たことを明かしています。

　たとえば「Formation」のビデオの冒頭、水中に沈んでゆくパトカーの屋根で歌うビヨンセの姿は、2005年のハリケーンカトリーナ災害のときに救助活動の不手際から多くの黒人の命が失われたことを暗示しています。また、途中一瞬映り込む黒人男性が手にした新聞の一面には公民権運動の指導者であるマーティン・ルーサー・キング・ジュニア牧師の写真と共に、1963年のワシントン大行進で彼が行った有名な演説「I have a dream」（私には夢がある）にちなんだ「More Than a Dreamer」（夢見る人を超えて）との見出しが確認できるでしょう。そして、フードをかぶった少年が抗議デモ鎮圧のために配備された警官隊の前でダンスする場面では壁にスプレーで書かれた「Stop shooting us」（撃たないで）との文字が映し出されますが、これはトレイヴォン・マーティン射殺事件と「Black Lives Matter」運動を示唆するものです。

101

「Formation」ミュージックビデオ（ビヨンセ公式YouTubeチャンネルより）

　ビヨンセは、そんな「Formation」のサビでこんなふうに同胞に呼び掛けています。

> さぁ、レディーたち／いまこそフォーメーションを組もう／あなたが対等な立場にいることを証明して／確実に決めるよ／じゃなきゃ振り落とされるからね

　この歌詞にミュージックビデオを重ね合わせれば、「Formation」がどんな意味をもつ曲かはおのずと浮かび上がってくると思います。「Formation」は端的に言うならば、これまでブラックパワーや政治的トピックから距離を置いていたビヨンセが戦闘態勢に入ったことを告げる曲、彼女の宣戦布告と受け止めていいでしょう。

NFLハーフタイムショー衝撃のパフォーマンス

　そして2016年2月7日、第50回の記念大会となったNFLスーパーボウル（アメリカンフットボール優勝決定戦）のハーフタイムショーにブルーノ・マーズやコールドプレイ（Coldplay）と共に出演したビヨンセは、大勢の女性ダンサーを引き連れてこの「Formation」をパフォームしました。黒革のミリタリージャケットを身にまとい、アフロヘアの頭に黒いベレー

帽を乗せたダンサーたちのスタイルは、1960〜70年代に急進的な黒人
解放運動を展開した政治組織「ブラック・パンサー党」のオマージュ。
ビヨンセは視聴者数が1億6000万人を超える国民的イベントを通じて、
人種差別やヘイトクライムと断固戦っていく姿勢を正面からアメリカに
突きつけてきたのです。

　今回のビヨンセのハーフタイムショーのコスチュームを手掛けたのは、
ロサンゼルスの人気スタイリスト／デザイナーのアシュトン・ミカエル。
彼はビヨンセが黒人女性の強さと連帯意識を表現しようと意図的にブラ
ック・パンサー党の衣装をモチーフにしたことを後日明らかにしていま
す。ちなみに今回スーパーボウルが開催されたサンフランシスコ・フォ
ーティーナイナーズの本拠地リーバイス・スタジアムはカリフォルニア
州のサンタクララ、いわゆるベイエリアに位置していますが、ブラック・
パンサー党が結成されたのはちょうど50年ほど前、同じベイエリアの
オークランドでのことでした。

2016年、NFLスーパーボウル・ハーフタイムショーでのビヨンセ
（NFL公式YouTubeチャンネルより）

ビヨンセが黒人になった日

　ビヨンセはスーパーボウルの政治的パフォーマンスによって、保守系のメディアや政治家を中心に激しいバッシングを受けました。スーパーボウルの翌日8日には、元ニューヨーク市長のルドルフ・ジュリアーニがFOXニュースのインタビューで「これはフットボールの試合であり、ハリウッドではない。我々を守ってくれる警官たちを攻撃するために彼女がこの場を利用したことは極めて悪意に満ちた行為だと思う」とビヨンセを非難。翌週2月16日にはマンハッタンのNFL本部前でビヨンセへの抗議運動「#BoycottBeyonce」が行われるほどでした（もっとも、当日現れたプロテスターはたったの3人でした）。主に彼らは「スーパーボウルのような国民的イベントを政治利用するとは言語道断」と主張しているわけですが、これは裏を返せばポップスターのビヨンセが国民的一大イベントであれだけの過激な政治的メッセージを表明しなくてはならないほど、現在のアメリカの人種差別問題は深刻な状況を迎えているということです。

　また、たいへん興味深かったのが2月13日放送の老舗コメディショー『サタデー・ナイト・ライブ』。この日、番組ではスーパーボウルの一件を受けて「The Day Beyonce Turned Black」（ビヨンセが黒人になった日）と題した風刺コントを放映しましたが、ビヨンセのパフォーマンスに衝撃を受けた白人社会が「なんてこった、ビヨンセが黒人だったなんて！」「彼女が新曲でなにを歌っているのかさっぱりわからない！」とパニックに陥る内容は、もうビヨンセが「みんなの安全なポップスター」ではいられなくなってしまったこと、「Black Lives Matter」のムーブメントが台頭してきたなかで彼女が自分のアイデンティティーと向き合わざるを得ない事態になってきたことを強く印象づける結果になりました。

　ビヨンセの「Formation」は、混迷を深める現在のアメリカ社会を反映する曲として、そしてこの一年のポップミュージックの気分を決定づけた曲として、2016年のベストソングにふさわしい存在感を放っています。それにしても改めて驚かされるのは、ビヨンセがこの「Forma-

tion」を発表したのはスーパーボウル開催日の前日であったこと。共に
ステージに立ったブルーノ・マーズやコールドプレイがそうであったよ
うに、本来あのようなお祭りの場では「皆さんご存知のあのヒット曲」
を歌うのが慣例になっているわけですが、あえて彼女は前日インターネ
ット上でフリーダウンロード曲として発表したばかりの超骨太なプロテ
ストソングを投入してきました。「Formation」が2016年を代表する一
曲として十分な風格をまとっているのはもちろんですが、その初披露の
舞台になったスーパーボウルのパフォーマンスに関しては、2016年ど
ころかポップミュージック史に残る事件として語り継がれていくことに
なるでしょう。「Black Lives Matter」の女性活動家メリナ・アブドゥ
ラはCBSのインタビューを受けて、ビヨンセの勇気ある行動をこんな
ふうに讃えています。

> 「社会意識を高め、社会正義を前進させるために芸術性を用いることを
> いとわない。ビヨンセをはじめとする、そんなアーティストたちを私は
> 心から尊敬します」

「この賞を受け取ることはできません」
ついに爆発したグラミー賞への不信感

2017年／第59回グラミー賞授賞式

「ジェーン・スー　生活は踊る」（2016年12月16日放送）

政治的発言を歓迎する

　2017年2月12日、ロサンゼルスのステイプルズ・センターで開催された第59回グラミー賞授賞式。今回は第54回に続くアデルの二度目の主要3部門制覇、そして一度も音源を有料販売することなく最優秀新人賞など3部門を受賞した「ストリーミング時代のヒーロー」チャンス・ザ・ラッパーの躍進が話題を集めましたが、1月20日のドナルド・トランプ大統領就任式直後というタイミングもあっていつになく政治的言動が目立ったセレモニーになりました。これは1月8日開催の**第74回ゴールデン・グローブ賞授賞式**でトランプ批判のスピーチが相次いだこと、グラミー賞プロデューサーのケン・アーリックがその流れを受けて「政治的発言を歓迎する」との声明を事前に発表していたことも影響しているのでしょう。

　そんな授賞式の司会を務めたのは、CBSのトークバラエティ『The Late Late Show with James Corden』内の人気シリーズ「Carpool Karaoke」でブレイクしたイギリス人コメディアンのジェームズ・コーデン。セレモニー冒頭でラップを披露した彼は、いきなりトランプ大統領を標的にして大いに会場を沸かせました。

● **第74回ゴールデン・グローブ賞**
式典で相次いだトランプ批判の中でも、セシル・B・デミル賞（生涯功労賞）を受賞した女優メリル・ストリープによる、大統領の名前を直接出さずに彼の差別的な態度を批判したスピーチは話題を呼んだ。これに対し、トランプはTwitterで「（ストリープは）最も過大評価されている女優のひとりだ」とツイートして応戦している。

トランプ大統領がいる限り、これからなにが起こるか誰にもわからない／でも、今夜僕たちは人種も国籍も肌の色も関係なくここにいる／この歌のことはずっと忘れないでほしい／僕たちは団結すれば、きっと生き延びることができるから

いまこそアーティストが行動を起こすとき

　ある意味、このジェームズ・コーデンのラップが今回の授賞式の方向性を決定づけたといっていいでしょう。最初のプレゼンターを務めたジェニファー・ロペスはアフリカ系アメリカ人女性初のノーベル文学賞作家、トニ・モリスンの言葉を引用してスピーチ。「まさにいまこそアーティストが行動を起こすときです。絶望したり自分を憐れんでいる暇はありません。沈黙する必要も、恐れる余地もなにもないのです」と同胞を鼓舞しました。

　続いてザ・ウィークエンド（The Weeknd）のパフォーマンスのプレゼンターを務めたのは、故マイケル・ジャクソンの愛娘パリス・ジャクソン。彼女はトランプが計画している地下石油パイプライン「ダコタ・アクセス・パイプライン」のプロジェクトが環境破壊を招く恐れがあることを述べると、さらに「この会場の熱気がパイプラインの抗議活動に必要なのです」とSNSで展開中の「#NoDAPL」のムーブメントへの参加を呼び掛けました。

　その後も女優のジーナ・ロドリゲスが「女性が一緒に立ち上がれば素晴らしいことができるはず」とウーマンパワーを讃えると、最優秀ラテンポップアルバム賞を受賞したメキシコ系アメリカ人の兄妹デュオ、ジェシー＆ジョイはトランプの移民排斥政策を踏まえて「この賞をヒスパニックのみんなと、すべてのマイノリティに捧げます。私たちはあなた方と共にいます」とコメント。また、LGBTQ解放を訴え続けてきた女優のラヴァーン・コックスはトランスジェンダーの高校生ギャビン・グリムを紹介すると共に、女性として生まれながらもジェンダーアイデ

ンティティは男性である彼が学校の男子用トイレの使用を許可されなか
ったことに言及。「皆さん、どうかギャビン・グリムのことを検索して
みてください。彼は3月に最高裁判所で自分の権利を守るために争いま
す。みんなで応援しましょう」とサポートを訴えました。

　そんななかでも「完璧」と称されたのが、傑作『Lemonade』で最
優秀アーバンコンテンポラリーアルバム賞を受賞したビヨンセのエモー
ショナルなスピーチです。

　「私たちは誰もが痛みや喪失を経験し、しばしば私たちの声は聞き取れ
　なくなることがあります。この『Lemonade』をつくるにあたって意図
　したことは、そんな私たちの痛み、葛藤、闇、歴史を声にして伝えるため、
　そして私たちを不快にさせる問題に立ち向かうためでした。私にとって
　大切だったのは、子供たちに自分自身の美しさを映し出すイメージを見
　せること。そうすれば、子供たちは鏡のなかにある世界を通して成長す
　ることができるからです。彼らが美しく、知的で、有能であることに疑
　いの余地はありません。これはあらゆる人種のあらゆる子供たちに望む
　ことです。私たちは過ちを繰り返す傾向があることを認識し、過去から
　学ぶことがとても重要であると感じています」

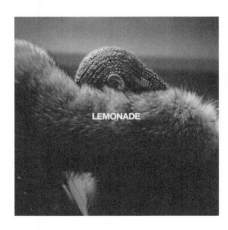

双子を妊娠中の大きなお
腹を強調するような金のシ
ースルーのドレスで登壇し
て母親の視点から力強いメ
ッセージを届けたビヨン
セ。そんな彼女の母ティ
ナ・ノウルズの「紳士淑女
の皆さん、自慢の娘ビヨン

ビヨンセ
『Lemonade』（2016年）

108

セです」との紹介に続けて披露した「Love Drought」〜「Sandcastles」の神々しいパフォーマンスも含め、その圧倒的な存在感は今回の授賞式のMVPと呼ぶにふさわしいものがありました。

エージェントオレンジ大統領

こうしたスピーチの一方、パフォーマンスを通じて政治的メッセージを発信したのが、現代社会に警鐘を鳴らす新曲「Chained to the Rhythm」を初披露したケイティ・ペリー。昨年の大統領選でトランプと一騎討ちを繰り広げたヒラリー・クリントンの選挙活動を先頭に立って支援してきた彼女は、そのヒラリーのトレードマークである白いパンツスーツと「#persist」（主張）と書かれたアームバンドを身にまとって登場。トランプがアメリカとメキシコとの国境沿いに建設を目論んでいる「壁」を取り払うような演出を見せると、最後にはバックスクリーンに合衆国憲法の序文「We the People」を映し出して「No hate!」と叫びました。

そしてケイティ・ペリーが打ち出したメッセージを継承するようなア・トライブ・コールド・クエストのパフォーマンスは、この日のハイライトといえる強力なものでした。彼らはセット中央の「国境の壁」を破壊してバスタ・ライムスを引き連れて登場すると、大統領選を見据えてリリースした18年ぶりのアルバム『We Got It Here... Thank You 4 Your Service』から合衆国憲法の序文をタイトルに冠したプロテストソング「We the People」を披露。バスタはアメリカ軍がベトナム戦争時に使用した枯葉剤になぞらえてトランプを「エージェントオレンジ大統領」と呼ぶと、皮肉交じりに「アメリカ全土に憎悪を蔓延させたこと、イスラム教徒の入国禁止を画策したことに礼を言っておくぜ！」と彼の政策を糾弾しました。大団円では舞台上にさまざまな宗教や人種の人々が並んで「Resist!」（抵抗しよう！）とシュプレヒコールを行ったりと、トランプ政権に対する強い危機感が表れたトライブのステージは58年に及ぶグラミーの歴史でも最も政治色の濃い瞬間だったのではないでしょうか。

相次ぐ大物アーティストのボイコット

　こうして反トランプのもとにアーティストが一致団結した今回の授賞式でしたが、前回ケンドリック・ラマーが最優秀アルバム賞を獲れなかったことで一気に膨れ上がった黒人アーティストのグラミーに対する不信感はここでついに爆発しました。

　そもそも今回は、最優秀アルバム賞を黒人アーティストが受賞できないことを理由にしてフランク・オーシャンが有力候補だった自身のアルバム『Blonde』の提出を拒否するなど事前にグラミー賞へのボイコットを表明。彼は自身のTumblrにて「今年はグラミー賞のテレビ中継を見ようと思っていたが、最高とはいえないテレビ番組とはどんなものなのかわかるか？　それはケンドリック・ラマーの『To Pimp a Butterfly』ではなく、テイラー・スウィフトの『1989』が最優秀アルバム賞を受賞する番組だよ。あれこそが、俺がいままでに見た最も欠陥のあるテレビ番組だった」と苦言を呈しました。

　このフランク・オーシャンのほか、今年はカニエ・ウェスト、ドレイク、ジャスティン・ビーバーらがグラミー賞への辞退を明らかにしてい

ましたが、こうした数々の大物アーティストの抗議も実ることなく最優秀アルバム賞はアデル『25』が受賞。最有力と目されていたビヨンセ『Lemonade』の受賞、つまり黒人アーティストの受賞は今回も実現しませんでした。

アデル
『25』（2015年）

　最優秀アルバム賞のウィナーが発表になった瞬間、ビヨンセの妹ソランジュ（Solange）は先ほど紹介したフランク・オーシャンのTumblrのリンクを自身のTwitterに投稿。さらに「自分たちで委員会と協会をつくって友人や自分自身へ賞を贈ろう」「この20年間で200人を超える黒人アーティストがパフォーマンスを行ってきたのに最優秀アルバム賞を獲った黒人はたった2人だけ」などと連続ポストしてグラミー賞への不満をぶちまけました。

　ソランジュの投稿に付け加えると、グラミー賞の59回の歴史で黒人アーティストが最優秀アルバム賞を受賞したのはわずか10回。この10年でも黒人アーティストの最優秀アルバム賞ノミネートは17回に及んでいますが、受賞したのは第50回でのハービー・ハンコックのみ。また、黒人女性で最優秀アルバム賞を受賞したことがあるアーティストはたった3人で、第34回のナタリー・コール（Natalie Cole）、第36回のホイットニー・ヒューストン（Whitney Houston）、直近では第41回のローリン・ヒル（Lauryn Hill）が最後。その一方、テイラー・スウィフトとアデルはこの7年でそれぞれ2回ずつ最優秀アルバム賞を受賞しています。

「白すぎる」グラミー賞

　もちろん、憤っているのは黒人アーティストに限ったことではありません。たとえば、シンガーソングライターのスフィアン・スティーヴンス（Sufjan Stevens）は自身の公式サイトで「ビヨンセが最優秀アルバム賞ではなく最優秀アーバンコンテンポラリーアルバム賞しか受賞できないのは、彼女の才能を白人の年寄りが恐れているからだ」とグラミー賞の旧態依然とした体制を痛烈に批判。続けて「いい加減人種差別はやめるべきだ」とコメントしました。アメリカの主要メディアの論調も、概ねこのスフィアンの見解と同様です。

> 「白すぎる」グラミー賞が現実になった
> ──『New York Times』紙

> グラミー賞がいまの時代なんの意味もないことが明らかになった
> ──『Washington Post』紙

> グラミー賞に時代性が反映される日はくるのだろうか？
> ──『New Yorker』誌

> ビヨンセではなくアデルが受賞したのは、選考委員が年寄りの白人ばかりだから──『Rolling Stone』誌

> グラミー賞は人種差別のシステムを明確に提示している
> ──NPR

　そして、今回のこの結果には二度目の主要3部門制覇という前人未到の快挙を成し遂げた当のアデルも困惑を隠しきれませんでした。まず最優秀レコード賞を受賞して登壇した彼女は「私の夢でありアイドルであるビヨンセ。あなたは私の魂を常に揺さぶり続けています。あなたのことを心から尊敬します」とビヨンセの活動を賞賛。その直後、今度は最優秀アルバム賞の受賞者としてステージに上がった彼女は喜びを表現するところか涙を流してビヨンセに最大級の愛と敬意を捧げました。

> 「私はこの賞を受け取ることはできません。感謝の気持ちでいっぱいですが、とてもじゃありませんが私には恐れ多い。私の人生にとって最も偉大なアーティストはビヨンセです。彼女の『Lemonade』は途轍もないアルバムで、深く考え抜かれているのはもちろん、美しく、魂をさらけ出していて、普段は見られない彼女の一面に触れることができました。私たちアーティストはみんなあなたを尊敬しています。あなたは私たちの光であり心強いお手本です。あなたを心から愛しています。いつも、そしてこれからも」

　アデルはビヨンセが妊娠中であることにちなみ「あなたが私の母親になってほしいぐらい！」とジョークを飛ばして会場を和ませる一幕もありましたが、彼女の苛立ちは授賞式終了後の記者会見において、より率直な言葉で語られています。「今回はビヨンセが受賞すべきタイミングだと思っていた。最優秀アルバム賞を受賞するために、彼女はこれ以上なにをしなければいけないっていうわけ？」

　1989年の第31回授賞式において、この年より設けられた最優秀ラップパフォーマンス賞を受賞したDJジャジー・ジェフ＆フレッシュ・プリンスの勇姿がテレビで放映されなかったことに端を発するグラミー賞と黒人アーティストの根深い確執。今回のビヨンセをめぐる一件により、両者のあいだには決定的な亀裂が生まれてしまいました。

就任式出演と引き換えに出した条件とは？
史上最もショッキングな歌「奇妙な果実」

ドナルド・トランプ大統領就任式

私に歌わせてもらえるのであれば喜んで

いよいよ2017年1月20日に迫ったドナルド・トランプ次期大統領の就任式ですが、アメリカ合衆国きっての催事であるにもかかわらず出演者のブッキングに難航していることが伝えられています。これまでオファーを断ったことがわかっているアーティストは、エルトン・ジョン（Elton John）、セリーヌ・ディオン（Céline Dion）、ガース・ブルックス（Garth Brooks）、キッス（Kiss）、モービー（Moby）など。この異例の事態は、女性蔑視、人種差別、移民排斥を助長してきたトランプ氏の数々の問題発言が招いたものとみていいでしょう。

そんななか、ひとりの女性歌手がある条件付きで就任式出演の依頼を受け入れました。彼女の名は、レベッカ・ファーガソン（Rebecca Ferguson）。1986年生まれ、イングランドはリバプール出身のレベッカは、ワン・ダイレクションを輩出したオーディション番組『Xファクター』で準優勝を果たしたことを足掛

レベッカ・ファーガソン
『Heaven』（2011年）

かりにデビューしたR&Bシンガー。2011年リリースのファーストアルバム『Heaven』は全世界で150万枚を売り上げるヒットを記録しました。

　そんなレベッカが就任式の出演と引き換えに出した条件とは、サラ・ヴォーン（Sarah Vaughan）やエラ・フィッツジェラルド（Ella Fitzgerald）と並ぶ三大女性ジャズ歌手のひとり、ビリー・ホリデイ（Billie Holiday）の代表曲である「奇妙な果実」（原題「Strange Fruit」）をセレモニーで歌うこと。彼女はこの提案について、自身のTwitterにこんな投稿をしています。

> 「この歴史的に非常に重要な歌を、あまりに大きな論争を引き起こしたためアメリカでブラックリストに載ったことがあるこの歌を、アメリカで軽視されているすべての人々と虐げられているすべての黒人について取り上げているこの歌を、世界のすべての憎しみは愛のみによって克服できるのだということを思い出させてくれるこの歌を。そんな"奇妙な果実"という歌を、私に歌わせてもらえるのであれば喜んでご招待に応じます。ワシントンでお会いしましょう」

　結論からいくと、このレベッカが提示した条件に対するトランプ**政権移行チーム**の答えは「ノー」でした。就任式への出演を了承してくれるアーティストの確保に必死な彼らでも受け入れることができなかった「奇妙な果実」とは、いったいどんな歌なのでしょうか。

● 政権移行チーム
アメリカ合衆国で政権が交代する際、前政権から業務を引き継いで、次期政権の政策／体制を構築する組織のこと。

「Strange Fruit」収録
ビリー・ホリデイ
『Billie Holiday』（1946年）

人種差別の実態を告発する歌

　今回注目を集めることになったビリー・ホリデイのレパートリー「奇妙な果実」は、1939年4月20日の録音。アラバマ州の人権団体「Equal Justice Initiative」が2015年に発表した調査によると、1877年から1950年にアメリカ南部12州で私刑 (リンチ) によって殺害された黒人の数は3959人に達するそうですが、まさにこの「奇妙な果実」は当時南部の黒人に対して行われていた残虐なリンチの実態を告発する目的でつくられました。タイトルの「奇妙な果実」は虐殺されて木に吊るし上げられた黒人の死体を樹木に実った果実になぞらえたもので、その陰惨な歌詞はイギリスBBCに「史上最もショッキングな歌」と評されたことがあるほどです。

> *南部の木々は奇妙な果実をつける／葉には血が流れ、根にも赤い血が滴り落ちる／南部の風に揺れる黒い体／奇妙な果実がポプラの木々から垂れている／雄大で美しい南部ののどかな風景／飛び出した眼とひずんだ口／マグノリアの甘くさわやかな香り／そこに突然漂う焼け焦げた肉の臭い／ここにもひとつ、カラスについばまれる果実がある／雨に打たれ、風にもてあそばれ、太陽に焼かれ朽ち、やがて木々から落ちていく果実／ここにもひとつ、苦くて奇妙な果実がある*

　この「奇妙な果実」の作者は、ニューヨークはブロンクス生まれのロシア系ユダヤ人、公立高校の教師でありソングライターでもあるエイベル・ミーアポル。共産党員でもともと人種問題に高い関心を抱いていた彼は1937年1月、偶然目にした一枚の写真——それは1930年8月に写真家のローレンス・ビートラーがインディアナ州マリオンで撮影した、ふたりの黒人男性トーマス・シップとエイブラムス・スミスの死体が木から吊るされている凄惨な写真でした——に衝撃を受けて一編の詩をしたためます。ルイス・アレンなるペンネームを用いて教師組合の機関紙に発表したその詩のタイトルは「Bitter Fruit」(苦い果実)。のちにミーアポルはこれにメロディをつけ、さらに「Strage Fruit」と改題して出版しました。

客がこの歌を嫌うのではないか

　これを機にさまざまな場で歌われるようになった「奇妙な果実」は次第に評判を呼び、ミーアポルの妻で歌手のローラ・ダンカンが1938年にマディソン・スクエア・ガーデンで披露した際、グリニッジビレッジのナイトクラブ『カフェ・ソサエティ』のオーナーであるバーニー・ジョセフソンの耳に入ったことで転機を迎えます。ジョセフソンとショウの舞台監督だったロバート・ゴードンはミーアポルを通じて当時『カフェ・ソサエティ』に出演中だったビリー・ホリデイに「奇妙な果実」を紹介。当初彼女はむごたらしい歌詞を歌うことに積極的ではなかったようですが、観衆の反応が良かったことからレパートリーに組み込まれ、やがてショウの最後を飾る重要なナンバーになっていきました。

　ビリーは1939年、『カフェ・ソサエティ』で初めて「奇妙な果実」を歌ったときのことを自伝『Lady Sings The Blues』で次のように回想しています。

> 「私は客がこの歌を嫌うのではないかと心配した。最初に私が歌ったとき、ああやっぱり歌ったのはまちがいだった、心配していた通りのことが起こった、と思った。歌い終わっても、ひとつの拍手さえ起こらなかった。そのうちひとりの人が狂ったように拍手を始めた。次に、すべての人が手を叩いた」

　また、ビリーは1937年3月に他界したジャズギタリストの父クラレンス（Clarence Holiday）の死をこの曲に重ね合わせていました。テキサス州ダラスでの巡業中に風邪から肺炎を併発したクラレンスは、アメリカ南部で最も人種差別が激しい地域のひとつであるダラスの病院でことごとく診療を拒否された挙句に亡くなっています。そんな経緯からビリーは自伝中で「肺炎が父を殺したのではない。ダラスが父を殺したのだ」と怒りを露わにしていますが、彼女は「奇妙な果実」に出会ったとき「ここには父を殺したものがすべて綴られている」と思ったそうです。

117

「奇妙な果実」がビリーのショウのハイライトとして確立されていった背景には、ジョセフソンが考案した演出の効果もあったようです。彼はビリーが「奇妙な果実」を歌う際、観衆の意識を歌に集中させるため店内の照明を落として彼女にピンスポットを当てるようにしたほか、ウェイターにも給仕を中断するよう要請。騒がしい客がいた場合は店から強制的に追い払うこともあったりと、曲の雰囲気づくりに徹底的にこだわり続けました。そして「奇妙な果実」を歌い終えたあとはアンコールを一切受け入れず、ビリーはそのままステージから去っていったそうです（この構成は「奇妙な果実」のあとに歌える曲などなかったことも理由のひとつでした）。

宣戦布告であり公民権運動の始まり

「奇妙な果実」が多くの人々に知られるようになったことを受けてビリーは当初契約していたコロンビアにレコード化のプランを持ち掛けますが、コロンビア側は歌詞があまりに過激であること、そして南部の顧客からの反発を恐れてこれを却下。代案として『カフェ・ソサエティ』近くのレコード店の店主、ミルト・ゲイブラーが運営するインディペンデントのコモドアでの録音が許可されました。

　こうして1939年にリリースが実現した「奇妙な果実」は全米ポップチャートで最高16位にランクインするヒットを記録。弱小レーベルのコモドアからの発売だったことに加え、多くのラジオ局で放送禁止の扱いを受けたこともあって1945年までの5年間は約5万枚のセールスにとどまりましたが、その後もビリーの代表曲として売れ続けて現在までの総売り上げは100万枚以上に達していると言われています。アトランティックレコードの創設者でレイ・チャールズやアレサ・フランクリンをスーパースターの座へと導いたアーメット・アーティガンは「奇妙な果実」を「宣戦布告であり公民権運動の始まり」と評しましたが、実際この曲はビリーの名声を決定づけただけでなく、以降のプロテストソングのひとつの指針として今日まで歌い継がれています。

ニーナ・シモン
『Pastel Blues』（1965年）

「奇妙な果実」のカバーと
しては公民権運動真っ只中
の1965年にニーナ・シモ
ンがアルバム『Pastel
Blues』で歌ったバージョ
ンが有名ですが（これはカニエ・
ウェストが2013年に「Blood On
The Leaves」でサンプリングしてい
ます）、そのほかにもダイア
ナ・ロス（Diana Ross）、スティング（Sting）、UB40、ジェフ・バックリィ（Jeff
Buckley）、スージー＆ザ・バンシーズ（Siouxsie And The Banshees）、カサンドラ・
ウィルソン（Cassandra Wilson）など、世代やジャンルを超えてたくさんの
アーティストに取り上げられています。また、「奇妙な果実」がつくら
れる直接のきっかけになったローレンス・ビートラー撮影の写真は
1992年にパブリック・エネミーがシングル「Hazy Shade of Crimi-
nal」のジャケットとして使用。「史上最もショッキングな歌」のスピリ
ットはヒップホップ世代に
もしっかりと継承されてい
るのです。

パブリック・エネミー
「Hazy Shade of Criminal」（1992年）

掲げられた「チェンジ」のゆくえ
ラッパーが綴ったオバマ大統領の8年間

バラク・オバマ大統領任期満了

「ジェーン・スー 生活は踊る」（2017年1月13日放送）

ラッパーからの視点

　2017年1月20日、8年の任期を終えて退任するバラク・オバマ大統領。ここでは合衆国初の黒人大統領の8年間を、彼を題材にしたヒップホップ／ラップの曲で振り返っていきましょう。

　ヒップホップ／ラップは、ストリートを立脚点にした音楽です。そんな成り立ちもあって民衆の声、街の声がダイレクトに反映されやすい性格の表現といえるでしょう。はたして、黒人社会はオバマ大統領の8年をどのように見てきたのか。これから紹介する楽曲からその変遷を垣間見ることができると思います。

　今回取り上げる曲は4曲。すべてアメリカはもちろん世界的にも非常に人気の高いラッパーで、アルバムを出せば数十万、場合によっては100万枚を超えるセールスを叩き出すようなトップアーティストばかりです。そういう強い影響力を誇るラッパーの曲であることをあらかじめ強調しておきます。

彼はリアルなままでいられるだろうか

　まず最初はナズ（Nas）が2008年6月にリリースしたミックステープ『The N＊＊＊＊r Tape』の収録曲「Black President」。ちょうどオバマ氏が予備選で勝利を収めて民主党の大統領候補指名を確定させたころに発表になった曲です。初の黒人大統領誕生がいよいよ現実味を帯びてきたタイミン

グでのリアクション、さっそく歌詞の一部を紹介しましょう。

> 黒人の大統領は選挙の夜にどんなことを考えるのだろう／これからどうやって自分の命を守っていこうか、自分の妻を守ることができるだろうか、自分の権利は守れるのだろうか、そんなことを考えているのかもしれない／KKK（クー・クラックス・クラン）の連中は、いまごろ「なんてこった！」なんて言いながら銃に弾丸を込めているのだろう／俺の銃にも弾丸を込めておこう／彼が死ぬときは、俺たちも死ぬときだ／もちろん、ポジティブなことだってある／俺はオバマがすべての人種に希望と挑戦の気持ちを与え、有色人種の人々の憎悪を消し去ってくれると思っている／そして、お互いが愛し合えるようになればいい。俺はこのブラザー（オバマ）を信じることにする／でも、果たして彼はリアルなままでいられるだろうか／刑務所にいる無実の黒人たちは放免されるのだろうか／彼は選挙に勝った後も我々のことを真剣に考えてくれるだろうか

　途中に物騒なフレーズがありましたが、マーティン・ルーサー・キング・ジュニア牧師やマルコムＸといった歴史的な黒人の指導者を例に挙げて「オバマが大統領に就任したらレイシストに暗殺されてしまうのでは？」という懸念が当時の黒人社会では少なくありませんでした。そのあたりのムードも含め、黒人大統領誕生への期待と不安がリアルに描かれた曲だと思います。

ナズ
『The N****r Tape』（2008年）

今度の大統領はブラックなんだ

　続いては、ヤング・ジージー (Young Jeezy) feat. ジェイ・Zの「My President Is Black (Remix)」。こちらは2009年1月のリリース、オバマ大統領の就任式にあわせて発表になった曲です。この曲からゲストで参加しているジェイ・Zの歌詞の一部を紹介しましょう。

> 俺の大統領はブラック／俺のマイバッハも同じ色だ／でも、俺の大統領はブラックだが、実は半分ホワイトなんだ／つまり、お前がレイシストでも彼の半分は認められるということだな

　これはオバマ大統領が黒人の父と白人の母のあいだに生まれたことに引っ掛けたジョークです。続けましょう。

> ローザ・パークスがバスの白人専用座席に座ったことがキング牧師のワシントン大行進につながった／キング牧師が行進したことがオバマ大統領の誕生に結びついた／そして、オバマが大統領になったことで未来の子供たちが空に羽ばたいていけるんだ／俺も翼を広げよう／空で会おうぜ／赤と白と青の旗を俺に向かって振ってくれ／こんなことを言う日が来るなんて思いもしなかった／もう戦争はうんざり／白い嘘もたくさん／今度の大統領はブラックなんだ

　このジェイ・Zの歌詞の肝になるパンチラインは、公民権運動とオバマ大統領の誕生を結ぶくだりになっています。ここではわかりやすいように説明的に訳しましたが、英語詞は次にようになっています。

　「Rosa Parks sat so Martin Luther could walk / Martin Luther walked so Barack Obama could run / Barack Obama ran so all the children could fly」──直訳すると「ローザ・パークスが座ったからキング牧師が歩いた／キング牧師が歩いたからオバマが走った／オバマが走ったから子供たちが空を飛べる」。もしかしたら「オバマが走った」

の部分がピンとこないかもしれませんが、ここでの「ran」は「選挙に出馬した」という意味になります。

つまりこの歌詞は、アメリカ社会における黒人の地位向上の歴史を「座る」→「歩く」→「走る」という段階を踏んで表現しているわけです。そして、なんとも感動的なのが「走る」を受けた最後を「飛ぶ」で締めくくっていること。黒人大統領誕生の高揚感がストレートに伝わってくる、素晴らしい一節だと思います。

オバマこそが最大のテロリスト?

ごく少数ですが、オバマ大統領の政策に異を唱えるラッパーもいました。彼と同郷シカゴのルーペ・フィアスコ(Lupe Fiasco)は、2012年の第54回グラミー賞で最優秀ラップアルバム賞にノミネートされることになるアルバム『Lasers』(2011年3月リリース)収録の「Words I Never Said」においてオバマ大統領の軍事政策を糾弾しました。

> **ガザ地区が爆撃されてもオバマはなにも言わなかった/だから俺はオバマには投票しなかった/もちろんこれからだって支持するつもりはない/俺はアメリカでは問題児/平和主義者で民衆を信じているからな**

● ガザ地区
パレスチナにある行政区画のこと。2007年6月、パレスチナの政党「ハマース」がガザ地区を武力で占拠し、イスラエルと対立。同地区では現在に至るまで両勢力による紛争と休戦が繰り返されている。イスラエル、EU、アメリカ合衆国は、ハマースをテロ組織に指定している。

ルーペ・フィアスコ
『Lasers』(2011年)

ルーペのオバマ批判はこれにとどまらず、6月にCBSテレビのニュース番組『What's Trending』に出演した際には「アメリカの外交政策そのものがテロリズムを招いている。その責任者であるオバマこそが最大のテロリストだ」と持論を展開。この直後に出演したFOXテレビのトークショウ『The O'Reilly Factor』においても再びオバマ大統領をテロリストと非難して「Words I Never Said」の「テロと戦うための戦争なんてクソ食らえだ」というフレーズを繰り返し強調しています。

　さらにルーペは『The O'Reilly Factor』の番組中、「テロリズムと戦うというのなら本当の意味でのテロ、つまり武器を撲滅すべき。テロの根源である武器を撲滅することこそが重要なのに、その武器を使ってどうするんだ」「**オサマ・ビン・ラディン殺害**の決断自体は賛成だが、911同時多発テロに対する報復をアフガニスタンに侵攻してまで実行したことには疑問が残る」などと力説。司会のビル・オライリーに「君は事実を簡略化しすぎだ。君が若いファンに伝えようとしているメッセージは事実と異なっている」とたしなめられる場面もありました。

　オバマ大統領が再選を勝ち取ったあともルーペのスタンスは変わることがなく、2013年1月20日に開催された大統領就任式の関連イベントでは例のオバマ批判を含んだ「Words I Never Said」の一節を繰り返し30分以上にわたってラップし続け、警備員に強制退場させられるという事態に発展。同じ「Words I Never Said」で自らラップしていた通り、この一件によってルーペは完全に「問題児」認定されてしまいました。

● **オサマ・ビン・ラディン殺害**
2011年5月2日、パキスタンでアメリカ軍の特殊部隊によってオサマ・ビン・ラディンが殺害された。その直後、オバマ大統領はホワイトハウスで記者会見を行い、ビン・ラディンを殺害したことを正式に発表した。

彼が掲げた「Change」が見えてこない

　最後に紹介するのは、J・コール (J. Cole) の「Be Free」。これは2014年8月、ミズーリ州ファーガソンで丸腰の18歳の黒人青年が白人警官によって射殺されたマイケル・ブラウン射殺事件を受けてつくられた曲です。

　今回ここで紹介するのは同じ年の12月、その「Be Free」に新しい歌詞を加えてCBSテレビのトークバラエティ『Late Show with David Letterman』で披露した別バージョン。2014年12月というと、マイケル・ブラウンを殺害した白人警官が不起訴になったことによってアメリカ各地で抗議デモが活発化した時期です。これも歌詞の一部を紹介しましょう。

> オバマが大統領に就任したとき、俺たちは浮かれまくっていた／「彼が任期を満了してホワイトハウスを去るときには、政府がブラザーたちに奴隷労働の賠償金を支払うかもな」なんて話して盛り上がっていたっけ／別にオバマのことを悪く言うつもりはない。でも、俺には彼が掲げた「Change」がいまだに見えてこない／きっとオバマは正しいことをしようとしたのだろう／だが、システムに窒息させられてしまったんだ／彼にでも変えられないことがあるとわかったときには、本当に悲しくなった／地元の仲間たちは、季節の変わり目ごとに怯えている／なぜって、彼らの家には暖房も冷房もないんだ／子供が生まれたばかりの俺の親友はウォルマートをクビになった／俺たちは取り残されてしまったのだろうか？／もう自分たちだけで戦うしかないのだろうか？／なにかに打ちのめされそうになる／でも、立ち上がらなくちゃいけない／もう突っ立っているだけじゃダメなんだ／傍観していたらダメなんだ／俺たちの望みはただ自由になりたいだけ／自由になりたいだけなんだよ。この鎖を外したいだけなんだ

　ラップというよりはもはや独白に近いJ・コールの悲痛な叫び。オバマ大統領へのリスペクトを抱きながらも、期待と失望がないまぜになった複雑な感情に激しく心を揺さぶられます。

125

オバマ大統領の功績としては**オバマケア**や同性婚の合法化などが挙げられますが、初の黒人大統領ということで期待されていた人種問題については劇的な成果を挙げるには至りませんでした。特に任期の最後にきてポリスブルータリティによる黒人差別問題が深刻化してしまったことに関しては、きっと彼としても無念なところでしょう。

俺たち黒人をホワイトハウスに入れてくれた

熱心なヒップホップのリスナーであるオバマ大統領は、今回取り上げたアーティストの曲も好んでよく聴いているようです。毎年年末に公開していたお気に入りの曲のプレイリストにも常にヒップホップの曲が多く含まれていたほか、ホワイトハウスのパーティーや会合にラッパーを招いて社会問題について意見を交換することもありました。

そんななかでもオバマ大統領が最も気に入っていたラッパーが、現行最重要アーティストといえるケンドリック・ラマー。そのケンドリックはヒップホップメディア『XXL』のインタビューでオバマ大統領の退任についてこんなコメントをしていました。

> 「*俺たち黒人をホワイトハウスに入れてくれたこと自体がオバマの功績のひとつだと思う。彼はホワイトハウスで政治をすることがどういうことなのか、俺たちに見せてくれたんだ。これは、俺たちの先祖が実現を願いながらも絶対に叶わないと思っていた光景だろう。それに、オバマは大統領としてというより友人として俺たちに接してくれるんだ。俺の母親や姪にも、ひとりの人間として対応してくれた。自分も将来、ああやって振る舞える人間になりたいと思ったよ*」

● **オバマケア**
アメリカで2010年に成立し、2014年に導入された医療保険改革法のこと。アメリカでは日本のような国民皆保険制度が導入されておらず、民間保険会社の保険料を支払えない低所得者層が医療機関を十分に利用できないという問題があった。オバマケアによって政府の補助が拡大され、保険会社に対する規制も強化された。

　オバマ大統領に対する評価は実にさまざまですが、こと黒人コミュニティにおいてはケンドリック・ラマーのような好意的な声が多いようです。

　締めくくりに、個人的に思い出深いオバマ大統領の名場面をいくつか挙げておきましょう。まずは、やはり2008年11月の大統領選勝利宣言。「ここまでくるのには長い時間がかかりましたが、今晩、この日、この選挙戦で我々が成し遂げたことをもって、たったいまこの瞬間、アメリカは変わったのです」（It's been a long time coming, but tonight, because of what we did on this day, in this election, at this defining moment, change has come to America）。公民権運動のアンセム、サム・クック（Sam Cooke）の「A Change Is Gonna Come」（1964年）の歌詞を引用してのスピーチは、歴史の大きな分岐点に立ち会った感動がありました。

　そして極め付きが大統領選の真っ只中、2008年4月に行われた民主党候補者討論会での一幕。ヒラリー・クリントンの口撃をジェイ・Z「Dirt Off Your Shoulder」（2003年）よろしく、肩の埃を振り払うジェスチャーでスマートに退けた勇姿にはとても興奮しました。オバマ大統領は初の黒人大統領であると同時に、初のヒップホッププレジデントでもあったのです。

「#MeToo」ムーブメントの台頭と
新たに噴出した課題「グラミーは男だらけ」

2018年／第60回グラミー賞授賞式

「ジェーン・スー 生活は踊る」（2018年2月2日放送）

性的暴行の加害者に捧げる「祈り」

　世界最大の音楽の祭典、第60回グラミー賞の授賞式が日本時間1月29日に開催されました。今回はブルーノ・マーズが主要3部門（最優秀レコード賞、最優秀アルバム賞、最優秀楽曲賞）を含む計6部門を受賞して話題を集めましたが、セレモニー自体は昨今のセクシャルハラスメントや性的暴行に対する抗議運動「#MeToo」や「#TimesUp」の盛り上がりを強く反映したものになりました。

　なかでもハイライトといえるのが、2009年にデビューして2曲の全米ナンバーワンヒットを持つ人気シンガー、ケシャ（Kesha）による「Praying」のパフォーマンスです。ケシャは18歳のころから複数回にわたってプロデューサーの**ドクター・ルークから性的暴行**を受けたとして2014年に訴訟を起こしていますが、結果的に彼女の訴えは棄却されてしまいました。

「Praying」収録
ケシャ『Rainbow』（2017年）

　裁判の結果を受けてたくさんの女性アーティストがケシャへの支援を表明しましたが、この動きは「#MeToo」に代表される現在のセクシャルハラスメント撲滅運動の基盤をつくったといえるでしょう。今回の授賞式でケシャが披露した「Praying」は、彼女が昨年2017年に4年ぶりにリリースした復帰第一弾シングル。「Praying」には「祈り」という意味がありますが、ここでケシャは自分を苦しめたプロデューサー、ドクター・ルークに祈りを捧げています。これはいったいどういうことなのか、歌詞の大意を紹介しましょう。

　ええ、あなたにだまされるところだった／あなたがいないと私なんてなにもできないって／ああ、でもすべてが終わったあとだったら／こんなにも強くなれたんだからあなたに感謝してもいい／あなたのせいでひどい目にあったし、地獄のような苦しみも味わった／自分自身で戦う術も身につけなければならなかった／私たちはその気になれば真実をぶちまけられるけど／いまはこれだけを言っておく／どうか元気で暮らしてよ／あなたがどこかで祈っていることを願ってる／あなたの魂が変化していくことを／穏やかな気持ちになって／ひざまずいて祈っていることを

● **#MeToo**
2017年10月、映画プロデューサー、ハーヴェイ・ワインスタインによる女優やモデルなどへの性的暴行が告発されたことを受け、女優のアリッサ・ミラノがTwitterで「性暴力を受けた女性は“#MeToo”（私も）と投稿して声を上げよう」と呼び掛けたことで始まった運動のこと。これに多くの著名人や一般ユーザーが応じ、#MeTooは世界的なムーブメントとして広がった。なお、最初にこの文脈で「Me Too」を使用したのは活動家のタラナ・バークであるとされる。

● **#TimesUp**
セクシャルハラスメントに反対する運動のこと。「Time's Up」（時間切れ）という言葉には、「セクシャルハラスメントが容認されていた時代は終わった（もう終わりにしよう）」という意味が込められている。第60回グラミー賞では、レディー・ガガ、ケシャ、シンディ・ローパー、ラナ・デル・レイらが、白いバラや全身黒の服を着用して同運動への賛同を表明した。

● **ドクター・ルークの性的暴行**
ケシャは、プロのシンガーとしてドクター・ルークとの関係がスタートして以来、彼に「性的、肉体的、言葉を用いて感情的に虐待された」と主張。ドクター・ルークは2度にわたって彼女にドラッグを投与してレイプし、ケシャと彼女の家族を脅迫し、彼女の人格を傷つけるような名前で呼んだという。

さらにケシャは「Praying」のリリース時、女優のレナ・ダナムが運営するフェミニストのためのメールマガジン『Lenny Letter』を通じてこんなコメントを発表しています。

> 「この曲で訴えたかったことは、たとえ自分を傷つけたような相手にでも同情の気持ちを持とうということ。そして、孤独に打ちのめされそうなときでも自分に誇りを持つこと。私は、この曲が苦しみの真っ只中にいる人たちに届くことを願っている。愛と真実を味方にすれば、あなたは決して打ち負かされることはない。絶対にあきらめないで」

　ケシャが授賞式で「Praying」を披露した際には、シンディ・ローパー、カミラ・カベロ（Camila Cabello）、ジュリア・マイケルズ（Julia Michaels）、アンドラ・デイ（Andra Day）、ビービー・レクサ（Bebe Rexha）など、豪華女性シンガーがバックアップ。まちがいなく、ケシャは今回のセレモニーを象徴する存在でした。

「ドリーマーズ」を照らすラブソング

　このケシャをはじめ、今回の授賞式のパフォーマンスやスピーチでは女性の権利主張と団結を訴えるものが目立っていましたが、昨年2017年に引き続きトランプ政権に抗議を表明するアーティストも少なくありませんでした。そんななかでも特に印象的だったのが、ケシャの「Praying」のパフォーマンスにバックコーラスとして参加していたカミラ・カベロがU2を紹介する前に披露したスピーチです。

　カミラ・カベロはいま最も勢いがある、1997年生まれの女性シンガー。3歳のときに母親とキューバからアメリカに移住してきたバックグラウンドがあることから、スピーチではトランプ大統領の移民排除政策を暗に批判していました。彼女は「ドリーマーズ」と呼ばれる若い不法移民が強制送還の危機に立たされていることを受けてこんなことを訴えたのです。

「私たちは、この国が夢を追う人々によって、アメリカンドリームを夢見る人たちのために築かれてきたことを知っています。今夜こうして私がステージに立てているのは、そのドリーマーたちと同じように私の両親が夢だけをポケットに詰め込んで、この国へ渡ってきたからです。父と母は懸命に働くこと、そして絶対にあきらめないことを私に教えてくれました。いま、私はそんな両親と同じ旅路を歩んでいます。東ハバナ生まれのキューバメキシコ系移民としての誇りを持って、こうしてグラミー賞のステージで皆さんの前に立っています。かつての私のような、夢を持った移民の子供たちの存在を決して忘れずに戦っていきましょう」

　全米チャートで1位を記録するなど世界的な大ヒットになったカミラの「Havana」は、彼女のキューバ系のルーツを前面に打ち出したラテン調のダンスナンバー。そんな「Havana」のミュージックビデオでは、最後に移民の若者たちに向けた「This is dedicated to the dreamers」(この曲をドリーマーズに捧げる) というメッセージが映し出されます。以前より「移民に向けたラブソングをつくりたい」と話していたカミラは、『Glamour』誌のインタビューでこんなコメントも残しています。

● ドリーマーズ
幼少時 (16歳まで) に親と一緒に正式な手続きを踏まずにアメリカに入国した移民のこと。ドリームとは「Development, Relief and Education for Alien Minors」という、移民の権利を守るための法案から頭文字を取った通称である。

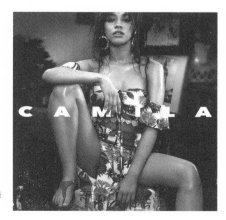

「Havana」収録
カミラ・カベロ『Camila』(2018年)

> 「いま移民という言葉にはネガティブなニュアンスがある。この言葉からは、夢を抱えてアメリカに渡ってきた女の子が疎外されている姿をイメージしてしまう。私は音楽を通じて、彼女たちを光で照らしてあげたい」

　ミュージックビデオの最後のメッセージから察するに、こうしたカミラの思いの結実が「Havana」なのでしょう。

男性社会で生きる女性ラッパー

　女性が主役だった今回のセレモニーで最も弾けていたのが、2017年リリースのメジャーデビューシングル「Bodak Yellow」でいきなり全米ナンバーワンを獲得した女性ラッパーのカーディ・B (Cardi B)。1992年にニューヨークはブロンクスで生を受けた彼女もカミラ・カベロと同様、ドミニカ共和国出身の父とトリニダード・トバゴ生まれの母を持つ移民の子供です。

　もともとストリッパーだったカーディは、SNSでの過激な言動が話題を集めていわゆるネットセレブとしてブレイク。それを足掛かりにしてテレビのリアリティショーでレギュラーの座をつかみ取り、その存在が広く知れ渡ったところでラッパーデビューを果たしました。

カーディ・B
「Bodak Yellow」（2017年）

　そんなカーディの明け透けな発言は多くの同性からの支持を集め、ウーマンパワーの観点からも注目の的になっています。2018年に開催された反トランプの**ウィメンズマーチ**では、大ヒットした「Bodak Yellow」の歌詞をプラカードに掲げて行進している女性も目立っていたとのこと。実際にニュースで確認してみると、トランプの顔写真に「Lil bitch, you can't fuck with me if you wanted too」（あんたは私とやりたくてもやれないよ）との歌詞を添えたもの、「These is red bottoms, These is bloody shoes」（私の靴底は赤。血染めの靴よ）の一節と共にマイク・ペンス副大統領の顔を蹴り飛ばしているイラストをあしらったものなどがありました。

　無邪気で底抜けに明るいカーディのキャラクターは、今回の授賞式でも際立っていました。セレモニーの最中であるにもかかわらず自身のSNSに「U2のボノからサインもらっちゃった！」とはしゃぎ回る動画をアップするなど、そのたたずまいはほとんど「ノリのいい近所の姉ちゃん」といったところ。カーディの振る舞いを見ているだけで元気になってくる、なんて人も多いのではないかと思います。

　今回の授賞式でカーディがパフォームしたのは、ブルーノ・マーズとコラボした「Finesse」。いまや最多受賞のブルーノですらカーディの勢いにあやかっているようなところがありますが、いまだに男性優位主義がはびこ

● **ウィメンズマーチ**
2017年1月21日、ドナルド・トランプ大統領の就任の翌日に始まった抗議運動。アメリカでは50万人の人々がワシントンD.C.に押し寄せ、女性の権利、移民改革、医療制度改革などの必要性を訴えた。2018年以降もこの抗議運動は続いている。

ブルーノ・マーズ
「Finesse feat. Cardi B」（2018年）

るヒップホップ業界で女性ラッパーがサバイブしていくのは極めて困難なこと。実際、長い期間にわたって第一線で活躍し続けている女性ラッパーは、ヒップホップの歴史においても片手で数えられるぐらいしか存在していません。そんななかにあっていたずらに虚勢を張ることも媚びることもなく、豊胸／豊尻手術をしたこともぶっちゃけてしまう伸び伸びとした活動を展開するカーディは、今後の女性ラッパーの在り方に大きな影響を及ぼすことになりそうです。

大炎上した問題発言

このように第60回グラミー賞の授賞式は女性アーティストの活躍が印象的でしたが、肝心の女性アーティストの受賞は86部門中17部門と例年に比べて非常に少なく、セレモニーの終了後にはその結果に抗議する「#GrammysSoMale」（グラミー賞は男だらけだ）なるハッシュタグがTwitterでトレンド入りするほどでした。

そして、そこにきて火に油を注ぐことになったのがグラミー賞を主催するレコーディングアカデミー会長のニール・ポートナウによる問題発言。女性の受賞者の少なさを指摘された彼は「アーティスト、エンジニア、プロデューサー、取締役など、女性がクリエイティブな能力や野心をもって音楽業界で活躍したいのならばもっとステップアップしなければいけない。そうすればこの業界は君たちを歓迎するだろう」と、完全に空気を読み違えた上から目線のコメントを発表。レディー・ガガ、ピンク（P!nk）、シェリル・クロウ（Sheryl Crow）といった女性アーティストからさっそく猛抗議を受けているほか、SNS上でも顰蹙（ひんしゅく）を買って大炎上しています。

ノミネートが発表された時点では、人種やジャンルが多岐にわたっていることから「#GrammysSoDiverse」（多様性のあるグラミー賞）とのハッシュタグと共にドラスティックな変化が期待されていた第60回グラミー賞。旧態依然としたレコーディングアカデミーの体質改善には、まだまだ時

間がかかりそうです。

数々の悲劇を乗り越えて歌い上げた
新時代のエンパワメントアンセム

アリアナ・グランデ「thank u, next」

「アフター6ジャンクション」（2018年12月13日放送）

全米チャート初登場1位の快挙

　2018年8月にニューアルバム『Sweetener』をリリースしたばかりのアリアナ・グランデが、11月3日にサプライズで早くも新曲「thank u, next」を発表。アメリカの『Billboard』シングルチャートで史上32曲目の初登場1位を記録しています。これは、2011年にシングル「Put Your Hearts Up」でデビューしたアリアナにとって初めての全米ナンバーワンヒットにもなりました。

　こうした商業的成功の一方で、「thank u, next」は批評家筋からも非常に高い評価を受けています。主要メディアの2018年年間ランキングにおいても、『Vulture』（『New York』誌のエンターテインメントサイト）で1位、『TIME』で3位、『Billboard』と『NPR』で4位、『The Guardian』で6位、『Pitchfork』で8位と、軒並み上位にランクイン。実際、「thank u, next」は2018年を代表する楽曲であるのはもちろん、ポップミュージック史に残るエポックな曲として語り継がれていくことになると思います。というのも、いまこの曲は新時代の女性のエンパワメントソングとして大きな注目を集めているからです。

爆破テロ事件、元カレの死、婚約破棄

　アリアナ・グランデは1993年生まれ、フロリダ州出身。これまでにリリースした4枚のアルバムすべてがアメリカでミリオン以上のセールスを記録している現行ポップミュージックのトップシンガーですが、こ

こ日本で彼女の名前が広く知られるようになったのは（本人にとっては不本意なことだと思いますが）2017年5月22日にイギリスのマンチェスターにあるマンチェスター・アリーナで起きた自爆テロ事件でした。アリアナのワールドツアー『Dangerous Woman Tour』のマンチェスター公演がテロの標的にされて、22人が犠牲になったのです。

　この痛ましい事件を受けて、アリアナはPTSD（心的外傷後ストレス障害）を患いながらも事件からわずか13日後の6月4日にはテロの犠牲者を追悼する大規模なチャリティコンサート『One Love Manchester』を開催（主な出演アーティストは、ジャスティン・ビーバー、コールドプレイ、ケイティ・ペリー、リアム・ギャラガー〈Liam Gallagher〉、マイリー・サイラス、ファレル・ウィリアムス、ブラック・アイド・ピーズ〈The Black Eyed Peas〉など）。その悲しみを背負ったままつくり上げたアルバムが、「最悪の状況から最善を生み出したい。なにもしないで文句を言うよりも、なにか美しいものを創造しよう」との思いを込めた2018年8月リリースの『Sweetener』でした。

　『Sweetener』からのリードシングル「No Tears Left to Cry」（「涙は枯れ果てた」の意）において、アリアナは悲しい過去を振り払って前に突き進んでいくことを力強く宣言しましたが、このアルバムのリリース前後、彼女は激動の日々を送っていました。5月には、デビューヒットの「The Way」（2013年）でコラボしたことをきっかけに交際を始めて『One Love Manchester』にも出演したラッパーのマック・ミラー（Mac Miller）とついに破局。そして、そ

アリアナ・グランデ
『Sweetener』（2018年）

のわずか1ケ月後の6月には『サタデー・ナイト・ライブ』などにレギュラー出演しているコメディアン、ピート・デヴィッドソンとの婚約を電撃発表しました。

　数々の試練を乗り越えての婚約、そして最高傑作といえるアルバム『Sweetener』の完成。ようやくアリアナにも幸運の女神が微笑んだかに思えましたが、『Sweetener』のリリースから3週間後、9月7日に元カレのマック・ミラーが薬物の過剰摂取で亡くなるという悲劇が彼女を襲います。すると世間は、「マックの死は彼がアリアナにフラれたことが原因」と決めつけて彼女を糾弾。アリアナは激しいバッシングにさらされました。

　マック・ミラーの死が遠因になっているかはわかりませんが、10月に入るとアリアナはピート・デヴィッドソンとの婚約を破棄。コメディアンのピートがテレビ番組などでこの一件を自虐的にジョークにしていた一方、アリアナはしばらくSNSと距離を置くことを発表して沈黙を保ち続けました。いまこの状況のなかでアリアナがなにを思いなにを考えているのかはまったく見当がつきませんでしたが、そんななかで11月3日、突如リリースされた楽曲がこの「thank u, next」でした。

アリアナ・グランデ
「thank u, next」（2018年）

ありがとう。さあ、次に行くよ

　アリアナが沈黙を破って発表した「thank u, next」には、テロ事件やマック・ミラーの死を経て彼女がどんな境地にたどりついたのか、その心境が赤裸々に綴られていました。ここでアリアナはこれまで交際してきた恋人のことを振り返りながら自分自身と正面から向き合い、その視線を未来に向けています。

> ショーンが運命の相手だと思ってた／でも、彼とは縁がなかった／リッキーについてはいくつもの曲を書いた／いま聴くとちょっと笑えてくるけど／もう少しで結婚しそうになったピート／あなたには本当に感謝してる／マルコムにも直接ありがとうと伝えられたらいいのに／だって、彼は天使みたいな人だったから／ひとりは愛を教えてくれた／ひとりは忍耐を教えてくれた／ひとりは痛みを教えてくれた／そしていま、私は素敵になれた／たくさんの恋をして、たくさんのものを失った／でも、喪失感はまったくない／だって、私に手元に残ったものを見て／見てみてよ、あなたが私に教えてくれたことを／だから、これだけは言わせてほしい／ありがとう。さあ、次にいくよ／ありがとう。もう次にいかなくちゃ／元カレたちにはクッソ感謝してるよ

　この一番の冒頭に出てくる「ショーン」はラッパーのビッグ・ショーン（Big Sean）、「リッキー」はダンサーのリッキー・アルヴァレス、「ピート」はピート・デヴィッドソン、「マルコム」はマック・ミラーのこと。これに続く二番は一番の対になっていて、今度はアリアナが鏡に向かって自分自身に話し掛けているような内容になっています。

> 友達と過ごす時間が増えた／なにも心配していない／それに、ある人と出会ったんだ／ちゃんとした話し合いができる相手／みんなは私の気持ちの切り替えが早すぎるって言うけど／でも、この人との付き合いは永遠に続いていくんだ／彼女の名前はアリアナ／このコとはすごくうまくいってる／彼女が愛を教えてくれた／彼女が忍耐を教えてくれた／彼女

> の心の痛みの扱い方／これが本当に最高なんだから／たくさんの恋をして、たくさんのことを失った／でも、喪失感はまったくない／だってほら、私がなにを見つけたと思う？／もう探し求める必要なんてないの／だから、これだけは言わせてほしい／ありがとう。さあ、次にいくよ

そして、最後の三番。ここのメタ的かつボースティング（自己賛美、自慢）も交えたオチが実に痛快です。アリアナは以前よりラッパーのように特にタイミング関係なく不意に楽曲をリリースしてみたいと話していて、それを実現させたのが今回の「thank u, next」になるわけですが、この曲の固有名詞やメタ視点、ボースティングを織り込んだ構成自体も非常にヒップホップ的／ラッパー的といっていいでしょう。

> いつの日か、私もバージンロードを歩く／ママの手を握りながら／もちろん、パパにも感謝する／だって、ママもいろんなドラマをくぐり抜けてきたんだもの／私もあんなひどいことはもう十分／これで絶対に終わりにしたい／もうなにかが起こることは神様が許さないと思うけど／でもこれだけは別／この曲はまちがいなく大ヒットするよ

最初にお伝えした通り、このアリアナの予言は見事に的中。「thank u, next」は彼女に初めて全米1位の栄冠をもたらすことになりました。

MVは00年代ガールズムービーのオマージュ

自らの生き様と真正面から対峙することにより、女性たちへのエンパワメントとエンターテインメントのダイナミズムが見事にからみ合った名曲「thank u, next」をものしてみせたアリアナ・グランデ。彼女は12月8日、『Billboard』が主催する女性アーティストのための式典『Women in Music 2018』で堂々のウーマンオブザイヤーを受賞しましたが、アリアナはこの「thank u, next」によって完全にポップクイーンの座を決定づけたといっていいでしょう。

「thank u, next」ミュージックビデオ（アリアナ・グランデ公式YouTubeチャンネルより）

　最後に付け加えておくと、公開からわずか4日間で1億回再生を記録した「thank u, next」はミュージックビデオも非常に語りがいのある内容になっています。監督を務めるのは「Love Me Harder」や「Into You」といったアリアナ作品を手掛けてきたハンナ・ラックス・デイヴィスで、これがなんと『チアーズ！』（2000年）や『キューティー・ブロンド』（2001年）、『ミーン・ガールズ』（2004年）、『13ラブ30』（2004年）などのパロディを交えた00年代ガールズムービーのストレートなオマージュになっています。どれも元気なティーンの女の子を活写した傑作ですが、アリアナがこのミュージックビデオに託した意図を自分はこう考えます。いまのアリアナは、言わば「女の子ファースト」。女の子たちを勇気づけたい、女の子たちに元気でいてほしい、そんな思いが彼女の活動の大きな原動力になっているのです。

　その動機になっているのは、やはり自身のコンサートが被害にあったくだんの爆破テロ事件でしょう。このテロでは22人が犠牲になっていますが、そのうちの半分はティーンの女の子でした。アリアナのキャラクターや音楽性を考えると、彼女のコンサートに訪れるオーディエンスの大半は10代の女の子。しかも、これが初めてのコンサート体験だった可能性も大いにあり得ます。そんな背景を踏まえると、このテロが本当に許しがたい、いかに卑劣な犯行だったかがよくわかるでしょう。

ただアリアナとしては、こんなテロなんかに絶対に屈したくない、という強い思いがあるわけです。実際、『Sweetener』以降のアリアナ作品、特にシングル曲は「thank u, next」も含めて世の女性たちを鼓舞するようなメッセージソングばかり。アリアナの強固な意志は、その口火を切った「No Tears Left to Cry」の一節にまっすぐに打ち出されています。

> いま決心したことがある／いつもこんな気持ちでいられたらいいのに／もう涙は枯れ果てた／だから立ち上がるの、元気を出さなきゃ／愛すること、生きていると実感すること、そして元気を出すこと／あなたも私と一緒に来てほしい／きっと新しい自分になれるから

次世代ポップクイーン
アリアナ・グランデの真実

アクティビストとしてのアリアナ・グランデ

自由な世界のリーダー

> ひとりは愛を教えてくれた／ひとりは忍耐を教えてくれた／ひとりは痛みを教えてくれた／そしていま、私は素敵になった／たくさん恋をして、たくさんのことを失った／でも、わかったことはそれだけじゃない／だからこれだけは言わせてほしい／ありがとう／でも、もう次に行くよ／元カレのみんなにはクッソ感謝してるからね

　単なる失恋ソングを超えた女性のエンパワメントソングとして高い評価を獲得した「thank u, next」により、完全に現行ポップクイーンの座を手中にしたアリアナ・グランデ。「thank u, next」を収録した同名のニューアルバム『thank u, next』（2019年）をリリースした2月にはビートルズが1964年に達成して以来となる全米シングルチャート上位3位独占の偉業を成し遂げるなど、その勢いは共にヘッドライナーを務めるアメリカの巨大フェス、コーチェラ・フェスティバルとロラパルーザのステージに向けてさらに加速していくことになりそうです。

アリアナ・グランデ
『thank u, next』（2019年）

このアリアナの躍進は、自身のコンサートが標的にされて22人が犠牲になった2017年5月22日のマンチェスター爆破テロ事件、そしてその悲しみを跳ね除けるようにして事件からわずか2週間後に同じマンチェスターで敢行した大規模な慈善コンサート『One Love Manchester』がひとつの契機になっています。『One Love Manchester』の開催直後、『Bloomberg』は彼女を「A pop star is leader of the free world for a day」（ポップスターはこの一日、自由な世界のリーダーになった）と評しましたが、翌2018年の『TIME』誌「Next Generation Leaders」の選出や『Billboard Women in Music』でのウーマンオブザイヤー受賞にも象徴的なように、現在のアリアナのステイタスは音楽的成功はもとよりアクティビスト／フェミニストとしての言動によって築き上げられていったところも少なくありません。ここ一年でいえば、フロリダの**マージョリー・ストーンマン・ダグラス高校での銃乱射事件**を受けて行われた全米集会『March for Our Lives』でのパフォーマンス、そしてミソジニー（女性蔑視）発言を繰り返していたテレビ司会者**ピアーズ・モーガンにSNS上で毅然と反論**していった勇姿が印象に残っています。

『TIME』誌2018年5月28日号「Next Generation Leaders」

● **マージョリー・ストーンマン・ダグラス高校銃乱射事件**
2018年2月14日に発生した銃乱射事件。校内に武器を持ち込んだために退学処分とされていた19歳（当時）の元生徒ニコラス・クルーズが校内に侵入し、銃を乱射。生徒や教職員17人が死亡した。

● **ピアーズ・モーガン vs アリアナ・グランデ**
2018年11月、イギリスの男性ジャーナリストであるピアーズ・モーガンが、エレン・デジェネレス（コメディアン）、リトル・ミックス（ガールズグループ）、ジョアン・グランデ（アリアナの母）を侮辱する発言を相次いでTwitterに投稿。これに怒ったアリアナは、彼女たちを擁護しつつ反論した。なお、のちにふたりは顔を合わせて対話し「和解した」と発表している。

LGBTQのアイコン

　マンチェスターのテロ事件がアリアナの大きな転機になったのは確か
ですが、彼女がテロ事件によって「覚醒」したというわけではありませ
ん。デビューアルバム『Yours Truly』をリリースした2013年当時、「ネ
クスト・マライア」「ヤング・マライア」などと呼ばれてたびたびマラ
イア・キャリー（Mariah Carey）と比較されていたことが彼女の本質を見
えにくくしてきたところもあるのかもしれませんが——デビュー時のア
リアナをマライアと比較すること自体は否定しません——フェミニズム
やマイノリティに対するアリアナの姿勢は基本的に当時から一貫してい
ます。

　そもそも、アリアナは仲の良い兄フランキーがゲイであることからマ
イノリティをめぐる不寛容な態度に対して非常に敏感でした。なにしろ、
もともとカトリック教徒だった彼女は同性愛を認めない教義に疑問を抱
いて、11歳のときにカバラへと改宗しているのです。『V』誌2015年10
月号のインタビューにおいてアリアナは、「差別行為を目の当たりにす
ると怒りで体が震えてくる」と語ると、こんなコメントを残しています。
「自分の愛する人たちが、意味のないくだらない理由で苦しめられてい
るのが許せない。彼らを苦しめている人々は、どれだけ器が小さくて無知なのだろうと思う」

　そんなアリアナがLGBTQを支援する活動に本格的に取り組むきっかけになったのが、2014年リ

アリアナ・グランデ
『My Everything』（2014年）

リースのセカンドアルバム『My Everything』からシングルカットされた「Break Free」のヒットでした。もともと「Break Free」は失恋した女の子が元カレの呪縛から解き放たれていくさまを歌った曲ですが——そう、アリアナはこの時点ですでに「thank u, next」に通ずる題材を扱っていたのです——ゲイのエイリアンがキスするシーンを含むスペースオペラ調のミュージックビデオの登場によってLGBTQコミュニティ内でアンセム化していくことになります。「私は以前より強くなった。自由になるときがきたんだ」という歌詞が、より広い意味を帯びるようになったのです。

　この状況を受けて、アリアナは翌2015年にLGBTQの祭典『New York City Pride』にスペシャルゲストとして出演。かつてホイットニー・ヒューストンやシェール（Cher）も歌った栄誉あるステージにおいてLGBTQコミュニティにおける人気曲、チャカ・カーン（Chaka Khan）「I'm Every Woman」（1978年）とマドンナ「Vogue」（1990年）のマッシュアップを披露して大喝采を浴びています。

虹の向こうにすべての夢が叶う場所がある

　こうした活動が実を結んでアリアナは新時代のゲイアイコンと呼ばれるようになりましたが、実は彼女はデビューのころよりマライア・キャリー、ホイットニー・ヒューストン、グロリア・エステファン（Gloria Estefan）、ブランディ（Bran-

『オズの魔法使』
サウンドトラック（1956年）

dy）、ビヨンセなど共に、影響を受けたシンガーとしてジュディ・ガーランド（Judy Garland）を挙げています。幼いころからジュディの映画やコンサート映像を見て育ったというアリアナは当時のことを「母と一緒に毎日ジュディのVHSを見ていた。彼女の歌を通じて語られる物語が大好きだった」と回想していますが、よく知られている通り自身がバイセクシャルであったことから同性愛に強い理解を示していたジュディは、エンターテインメント界におけるゲイアイコンの先駆け。ゲイコミュニティでの彼女の影響力は絶大で、1969年6月28日にニューヨークで起きた同性愛者たちによる権利運動「**ストーンウォールの反乱**」（現在のLGBTプライド月間の起源）はその5日前のジュディの死が彼らの団結を高めたと言われています。

　そんな背景から当時17歳のジュディが主演映画『オズの魔法使』（1939年）で歌った「Over The Rainbow」（邦題「虹の彼方に」）は同性愛解放運動のアンセムとして歌われるようになるわけですが、マンチェスターのテロ事件を受けての慈善コンサート『One Love Manchester』のフィナーレでアリアナが涙ながらに熱唱したのはまさにこの「Over The Rainbow」でした（のちにチャリティシングル「Somewhere Over The Rainbow」として配信リリース）。つまり、あの局面でアリアナが「Over The Rainbow」を選んだのは思いつきでもなんでもなく、歴とした理由とバックグラウンドがあったということです。彼女は「Over The Rainbow」が多様性に寛容であることを求める運動のシンボルとして歌われてきたことを踏まえて、「あの虹の向こう側にはすべての夢が叶う場所がある」という一節により広範な愛のメッセージを付け加えたのです。

● **ストーンウォールの反乱**
1969年6月28日にニューヨークで起こった反乱のこと。警察によるゲイコミュニティへの弾圧やハラスメントが日常茶飯事であった当時、ニューヨーク市警察がゲイバー「Stonewall Inn」に踏み込み捜査を行い、店内にいた客と複数人の警察官が衝突した。この反乱が起こった後、ニューヨークでは性的マイノリティの自由と平等を求める活動が活発化し、「ゲイ解放戦線」や「ゲイ活動家同盟」などが誕生した。

自分を無条件に愛すること

　また、アリアナがデビュー当初より大きな影響源として挙げながらもジュディ・ガーランドと同様にあまりクローズアップされなかった存在にインディア・アリー（India.Arie）がいます。彼女は、ディアンジェロやエリカ・バドゥ（Erykah Badu）らを送り出したキダー・マッセンバーグの後ろ盾によって2001年にデビューしたR&Bシンガー。日本での知名度はいまひとつですが、これまでグラミー賞のノミネートは計21回（うち受賞4回）を数え、全世界でのアルバムの総売り上げは1000万枚を超えるネオソウルを代表するアーティストです。デビュー以前からインディアの「There's Hope」や「Private Party」のカバー動画を公開していたアリアナは、彼女の魅力についてこんなふうに語っています。

> 「インディアの声は天国。とても柔らかくて、歌詞にもすごく癒される。彼女の音楽を聴いていると、何事もなるようになると思えてくる。なんていうか、最高の友達が歌を通じて人生のアドバイスを与えてくれるような感じ。インディアの歌を聴いているときに感じる、心地よさと温かさが大好き」

　「癒される」「何事もなるようになると思えてくる」「最高の友達が歌を通じて人生のアドバイスを与えてくれるような感じ」──アリアナが言わんとしていることは、とてもよくわかります。というのも、インディアはまさにアリアナが

インディア・アリーのデビューアルバム
『Acoustic Soul』（2001年）

アリアナと体型を比較されたラッパーのニッキー・ミナージュは、そのグラマラスな体型と大胆不敵なキャラクターで、セックスシンボルとして知られる。写真はアリアナも参加した彼女のアルバム『Queen』（2018年）

「thank u, next」で歌ったような自尊心や自己肯定の大切さを繰り返し説いてきたシンガーだからです。「私はあなたがよく観ているビデオに出てくるような美人でもなければ、スーパーモデルのような体型でもない。でも、自分を無条件に愛することを知っている。なぜなら、私のなかでは私こそがクイーンだから」と歌う「Video」(2001年)。「もし頭の上にあるものではなく、頭のなかにある考えが問題ならば、こう言ってやればいい。私は私の髪の毛じゃない。私は私の肌でもない。私はあなたの期待じゃない。私は自分のなかに息づく魂なんだ」と訴える「I Am Not My Hair」(2006年)。いまでいうところのボディポジティブの先駆的な作品も歌っていたインディアは、2000年代のR&Bシーンにおけるフェミニズムの急先鋒でした。

　現在に至るアリアナのフェミニストとしての言動には、このインディア・アリーの作品が少なからぬ影響を及ぼしていると思われます。アリアナの発言の背後にインディアの存在を感じた出来事としては2015年2月、NBAオールスターゲームのハーフタイムショーでニッキー・ミナージュ（Nicki Minaj）と共にパフォーマンスしたアリアナがニッキーの豊満な体と比較されて「棒のような色気のない体」とバッシングを浴びた一件がありました。アリアナはこれを受けて、自身のInstagramですぐさま「誰かの体を比較／評価して傷つけ合うのはもうやめにしない？そんなのまちがってる。私の小柄な体とニッキーのダイナミックなボディ、どちらも最高に素敵なんだから」と反論。一部メディアから「ボデ

ィポジティブムーブメントの新しいヒーロー」と賞賛されることになりました。

さらに2015年11月、SNSでアリエル・ウィンターのカーヴィー（ふくよか）な体型と比べられて同様の批判にさらされたアリアナは、やはりInstagramにこんなメッセージを投稿しています。

> 「こういうコメントは誰に対してもいいことがない。いまは女性も男性もありのままの自分を受け入れられない風潮があるけれど、本当は多様性こそがセクシーなんだよ。自分を愛することこそがセクシー。セクシーじゃないものはなにかわかる？ ミンジニー、人を物のように扱ったりレッテルを貼ったり比べたりすること、自分の体を誰かと比べて恥ずかしいと思うこと。なにか意見を求めるときに、誰かの体を見世物のようにさらすこと。そういうのはぜんぜんセクシーじゃない。もっと自分とそれ以外の人々を祝福しようよ。人と違うことこそが、私たちを美しくしているんだから」

こうしたアリアナの一連の発言には、インディアが「Video」や「I Am Not My Hair」で歌ったメッセージがオーバーラップしてきます。そしてこれらの言動からは、のちにアリアナが女性賛歌「God Is a Woman」（2018年）で歌うようなテーマはもともと彼女が内包していた要素だったことがよくわかります。アリアナは先ほど触れたNBAハーフタイムショー直後の2015年3月、『Daily Star』の取材で「私はポップミュージックが大好き。でも、私のお気に入りのアーティストのなかにはイモーガン・ヒープ（Imogen Heap）やインディア・アリーもいる。いつか、そういうポップからは距離を置いたアルバムもつくってみたい」と将来のビジョンを語っていますが、この発言はフェミニズムや女性のエンパワメントに対する主張がより具体的に作品に反映されていく『Sweetener』（2018年）以降の方向性を示唆しているようにも受け取れます。

自分個人として認められる世界

　最後に、そんな「フェミニスト」アリアナ・グランデのベストモーメントを紹介しておきたいと思います。2015年6月、アリアナはラッパーのビッグ・ショーンと破局した直後にワン・ダイレクション（One Direction）のナイル・ホーラン（Niall Horan）との交際報道が流れたことに激昂。『The Sun』のインタビューで「もういちいち男に紐づけられるのはうんざり。私はビッグ・ショーンの元カノでもなければ、ニールのカノジョ候補でもない。私はアリアナ・グランデなの」と言い放つと、Instagramにミソジニーについての長文のメッセージを投稿しました。以下はその一部です。

> 「インタビューでビッグ・ショーンの元カノなんかじゃないって言ったのは、女性が誰かひとりの男性の過去、現在、未来としてしか語られないこの世界で生きることに辟易したから。フェミニズム運動の活動家、グロリア・スタイネムが1969年に『*After Black Power, Women's Liberation*』を発表してから46年も経つというのに、私たちを取り巻く状況はまったくといっていいほど変わっていない。女がセックスを好きだと言うとあばずれ扱いされるのに、男の場合はボスだキングだ色男だと囃し立てられる。女がセックスについておおっぴらに語ると辱しめを受けるのに、男が女性をビッチだ売女だってラップすると賞賛される。こういうダブルスタンダードとミソジニーは一向になくなることがない。デートしたり、結婚したり、くっついたり、セックスしたりしなかったり、一緒にいるところを見ら

● **After Black Power, Women's Liberation**
1969年、『New York』誌に掲載された記事。タイトルは「ブラックパワー後の女性解放」という意味で、同誌のコラムニストだったグロリア・スタイネムは、この記事によって全国的に有名なフェミニスト／アクティビストとなった。

　れたり……そういうときに相手で評価されるのではなく、**自分個人とし
て認められる世界になってほしい**」

　このアリアナの投稿を、『Teen Vogue』は「We all need to listen to
what she has to say」（私たちは彼女の話に耳を傾ける必要がある）という見出しと
共に紹介。テイラー・スウィフトはTwitterを通じてアリアナに「常に
あなたのことを誇りに思ってる。でも、今日はいつにもまして特別」と
のメッセージを送りました。「thank u, next」や「7 rings」といった
アリアナのエンパワメントソングは、決して突発的／偶発的に生まれて
ヒットしているわけではありません。こうした下地のもとに成り立って
いるからこその強さと説得力なのです。

初出：『uDiscoverMusic.jp』2019年3月26日公開の記事 加筆

グラミーは生まれ変わった？
問われる「多様性と包括性」

2019年／第61回グラミー賞授賞式

「アフター6ジャンクション」（2019年2月13日放送）

ミシェル・オバマ前大統領夫人も登壇

　2019年の第61回グラミー賞授賞式は、主催のレコーディングアカデミーより事前にテーマが発表されるという異例のセレモニーとなりました。会長のニール・ポートナウが掲げたのは、ずばり「Diversity and Inclusion」（多様性と包括性）。これはグラミー賞のオフィシャルサイトにも掲載されているものです。このテーマに基づく今回のグラミー賞の最大の変更点は、主要4部門（最優秀レコード賞、最優秀楽曲賞、最優秀アルバム賞、最優秀新人賞）のノミネートが5枠から8枠に拡大されたこと。これによって、より多彩なラインナップを提示できるようになりました。

　そんな「多様性と包括性」をテーマにした今回の授賞式では、女性アーティストを大々的にフィーチャー。おのずとウーマンパワーを前面に打ち出したものになりました。これは前年2018年の第60回グラミー賞が「#MeToo」や「#TimesUp」のムーブメントを強く反映していたにもかかわらず、女性アーティストの受賞者が86部門中わずか17部門と非常に少なかったことが発端になっています。

　さらに、この状況を受けてコメントを求められたニール・ポートナウが「女性アーティストはもっとステップアップしなければならない」と失言。これが火に油を注ぐような格好になって、レディー・ガガ、ピンク、シェリル・クロウといった女性アーティストが彼に抗議すると共に退任を求める騒動にまで発展しました。ポートナウの退任を要求する嘆願書には最終的に1万3000もの署名が集まりましたが、この署名には当

のレコーディングアカデミーの女性幹部も協力していたことが判明するなど、グラミー賞が抱える問題の根深さが浮き彫りになっています。

　事態を重く見たニール・ポートナウは、発言を謝罪してレコーディングアカデミー内にジェンダーの問題に取り組む特殊部門を設立。そして、任期切れになる2019年7月をもって会長を辞任することを発表しました。こうした前年からの反省が強く活かされたのが、今回の第61回グラミー賞授賞式というわけです。

　この結果、今回の授賞式では女性の受賞が前回の17部門から31部門へと大幅増。昨年比で82％も増加しました。さらにセレモニーの司会には、これまで15度のグラミー賞受賞経験がある女性R&Bシンガーのアリシア・キーズ（Alicia Keys）を起用。グラミー賞のホストを女性が務めるのは、2005年にラッパー／女優のクイーン・ラティファ（Queen Latifah）が務めて以来14年ぶりとのことでした。セレモニーのオープニングではそのアリシア以下、レディー・ガガ、ジェイダ・ピンケット・スミス、ジェニファー・ロペス、そしてミシェル・オバマ前大統領夫人が登壇。現代社会における音楽の影響力の重要性を説いた夫人のスピーチで幕を開けた授賞式は、生まれ変わった新しいグラミーの姿を強く印象づけることになりました。

ヒップホップ作品が15年ぶりの主要部門受賞

　では、第61回グラミー賞主要4部門の受賞結果をみていきましょう。まずは、最優秀レコード賞と最優秀楽曲賞を受賞したチャイルディッシュ・ガンビーノ（Childish Gambino）の「This Is America」。彼は1983年生まれ、カリフォルニア州出身のヒップホップアーティスト。ドナルド・グローヴァーの名で俳優としても活躍中で、映画『ハン・ソロ／スター・ウォーズ・ストーリー』（2018年）で若き日のランド・カルリジアンを演じたほか、『オデッセイ』（2015年）、『スパイダーマン：ホームカミング』（2017年）などのヒット作にも出演。第74回ゴールデン・グローブ賞で最優秀

テレビシリーズ作品賞（ミュージカル／コメディ部門）を受賞した『アトランタ』（2016年）の主演／原案／制作総指揮を手掛けていることでも知られています。なお、その『アトランタ』の監督を務めているのは日系アメリカ人のヒロ・ムライ。彼がディレクションした「This Is America」のミュージックビデオも今回最優秀ミュージックビデオ賞を受賞しています。

チャイルディッシュ・ガンビーノの「This Is America」は、2018年5月にリリースされて初登場で全米チャート1位を記録。ショッキングなミュージックビデオと併せて銃社会や人種差別といった現代アメリカの暗部を暴きつつ、ブラックミュージックの歴史を踏まえたアフロビート調のトラックが鮮烈でした。政治的メッセージソングでありながら、エンターテインメント性も非常に高い曲といえるでしょう。

「多様性と包括性」をテーマに掲げた今回の授賞式のなかで「This Is America」の主要部門2部門受賞がどんな意味を持っているのかというと、実は最優秀レコード賞と最優秀楽曲賞をヒップホップアーティスト／ヒップホップ作品が受賞したのは今回が初めて。ヒップホップ作品が主要部門を受賞したのも、2004年の第46回グラミー賞でのアウトキャスト『Speakerboxxx/The Love Below』の最優秀アルバム賞以来のこと。「ThisIs America」の主要部門受賞は、ヒップホップ作品としては15年ぶりの快挙だったというわけです。2017年、アメリカではヒップホップ／R&Bのセールスがロックを上回って音楽売り上げのシェアで初めてトップに立ちました

チャイルディッシュ・ガンビーノ
「This Is America」（2018年）

「This Is America」ミュージックビデオ
（ドナルド・グローヴァー公式YouTubeチャンネルより）

が、そうした状況がグラミー賞ではまったくといっていいほどに反映されてきませんでした。たとえば、2018年にピューリッツアー賞を受賞したラッパーのケンドリック・ラマーは第58回（2016年）と第60回（2018年）で主要2部門、第61回（2019年）では主要3部門にノミネートされていましたが、期待に反して無冠に終わっています。4年のうちに合計7度も主要部門にノミネートされたにもかかわらず、です。

　チャイルディッシュ・ガンビーノは今回のグラミー賞最多の4部門（最優秀楽曲賞、最優秀レコード賞、最優秀ミュージックビデオ賞、最優秀ラップソングパフォーマンス賞）を受賞した「セレモニーの主役」でしたが、残念なことにパフォーマーのリストに加わっていないところか、授賞式に出席すらしていませんでした。当然、主催者側はチャイルディッシュ・ガンビーノに出演をオファーしています。ですが、彼に限らずケンドリック・ラマーもドレイクも、今回の主要部門にノミネートされているヒップホップアーティストはみんな一様にパフォーマンスを拒否しているわけです。これはグラミー賞の長年にわたるヒップホップ勢への冷遇に反発したもので、彼らの積年の不満はもはや臨界点に達しているといっていいでしょう。

ファンがいればトロフィーは必要ない

ザ・カーターズ
『Everything Is Love』（2018年）

ヒップホップアーティストのグラミー賞に対する不信感は、今回最優秀アーバンコンテンポラリーアルバム賞を受賞したジェイ・Zとビヨンセによる夫婦プロジェクト、ザ・カーターズ (The Carters) のアルバム『Everything Is Love』収録の「Apeshit」に象徴的です。曲名の「Apeshit」は「正気を失う」「怒り狂う」といった意味になりますが、ここでジェイ・Zは2018年の第60回グラミー賞で最多の8部門にノミネートされながら結局無冠に終わった屈辱的な体験を振り返りつつ、レコーディングアカデミーに向けて痛烈なパンチラインを放っています。

> グラミーの奴らに言ってやろう、8部門もノミネートされたのにひとつも受賞できないなんてマジでクソだ／お前らは群衆が怒り狂うのを見たことがあるか？

こうしたヒップホップアーティストの不満は、最優秀ラップソング賞を受賞したドレイクのスピーチでも表出しています。

> 「このスピーチを聴いているミュージシャン志望のキッズたち、そして心からの音楽をつくっている仲間たちに向けて、この機会に話しておきたいことがある。俺たちは、事実と一切関係なく誰かの意見に左右される業界にいる。こうして年度の終わりにトロフィーを授与されるのは、別に正しい決断をしたからでもなければ、NBAのようにゲームに勝っ

たからでもない。音楽業界は時として、俺みたいなカナダから来たミックスレースの子供、ニューヨークに暮らすスペイン系の女の子（カーディ・B）、ヒューストンで暮らすブラザー（トラヴィス・スコット／Travis Scott）が言いたいことをなにも理解していない奴らによってコントロールされている。でも、

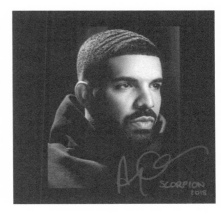

ドレイク
『Scorpion』（2018年）

君がつくった曲を一語一句漏らさず歌ってくれるファン、仕事で一生懸命稼いだ大事な金でコンサートチケットを買ってくれるファン、雨のなかでも雪のなかでもライブに駆けつけてくれるファン。彼らの存在があればこんなトロフィーは必要ない。そういうファンがいるならば、君はすでに一流の勝者なんだ。保証するよ」

　ドレイクの感動的なスピーチも主催者側にとっては都合が悪かったのか、テレビ中継では途中で不自然にカットされてCMへと移行。チャイルディッシュ・ガンビーノの主要部門受賞という和解に向けての大きな進展があったものの、この対応によってグラミー賞とヒップホップコミュニティはまたしても遺恨を残すことになってしまいました。

LGBTQを支援する新世代カントリー歌手

　最優秀アルバム賞は、ケイシー・マスグレイヴスの『Golden Hour』が受賞しました。今回チャイルディッシュ・ガンビーノと並ぶ最多の4部門（最優秀アルバム賞、最優秀カントリーソング賞、最優秀カントリーアルバム賞、最優秀カントリーソロパフォーマンス賞）を受賞した彼女は1988年生まれ、テキサ

ケイシー・マスグレイヴス
『Golden Hour』（2018年）

ス州出身の革新派カントリー歌手。『Golden Hour』収録曲のなかでも特に人気の高い「High Horse」ではディスコサウンドに乗せてドナルド・トランプ大統領批判を繰り広げるなど、テイラー・スウィフトと共に従来の**保守的なカントリーのイメージ**を刷新する存在といっていいでしょう。

そんなケイシー・マスグレイヴスの最多受賞もまた、今回の授賞式のテーマである「多様性と包括性」を強く反映するものでした。ケイシーが授賞式で披露した曲は、『Golden Hour』収録の「Rainbow」。この曲はレインボーフラッグを連想させるタイトルからもうかがえるように、LGBTQ／性的マイノリティを題材にしたバラードです。ここで彼女はなにか直接的／具体的なメッセージを発信しているわけではありませんが、ケイシーはこれまでにもたびたび性的マイノリティをサポートする曲を歌ってきているため、彼女が「Rainbow」と歌えばそれはおのずとLGBTQコミュニティに対するメッセージを帯びてくるのです。

> 私に見えているものが、あなたにも見えたなら／その鮮やかな色彩にきっと目がくらむでしょう／黄色、赤、オレンジ、緑／そのほか、100万もの色／さあ、ボートをつないで、コートを脱いで／周りを見てごらんなさい／ようやく雲が割れて／雨も風もおさまったというのに／あなた

● 保守的なカントリーのイメージ
カントリーミュージックは、一般的に「田舎に住む白人保守層が好む音楽」とされ、アーティストやファンも共和党支持であることが多い。しかし、近年はカントリーシーン出身のテイラー・スウィフトが民主党支持を表明するなどして、思想の多様化が進んでいる。

は相変わらずの嵐に巻き込まれたまま／傘にしがみついているけれど／でもダーリン、これだけは言っておきたい／あなたの頭上にはずっと前から虹がかかっているの

　この「Rainbow」の歌詞が多様性の素晴らしさを讃えたものであること、そしてLGBTQコミュニティの支援を目的としたものであることは自明でしょう。

失恋した女の子に守ってほしい「3つのルール」

　最優秀新人賞を受賞したのは、やはり「多様性と包括性」を象徴する女性歌手のデュア・リパ (Dua Lipa)。1995年生まれ、ロンドン出身の彼女はファッションモデルとしても活動しています。デュア・リパもケイシー・マスグレイヴスと同様に性的マイノリティのサポートに熱心で、イギリス最大規模のゲイイベント『Brighton Pride』に出演したことがあるほか、イギリスの大手ゲイ雑誌『Attitude』で特集が組まれるほどLGBTQコミュニティでの人気が高いシンガーです。

　そんなデュア・リパは、アリアナ・グランデの「thank u, next」や「7 rings」にも通じる女性をエンパワメントする失恋ソング「New Rules」で世界的ブレイクを果たしました。この「New Rules」において、デュア・リパは「女の子が失恋したときに守ってほしい3つのルール」を提唱しています。

> 1. 絶対に元カレの電話に出ない
> 2. 絶対に元カレを部屋に入れない
> 3. 絶対に元カレと友達にならない

　この3つのルールについて、デュア・リパは次のように説明しています。

「元カレとそんな関係を続けていては、いつまでたってもその男を乗り越えられない。いつかきっと、そいつのベッドで目を覚ますことになるよ。私自身、必ずしもこの3つのルールを守ってこられたわけじゃない。でも、自分が身をもって学んだ教訓を友人たちに広めることが大切だと感じている」

　この「New Rules」のヒットのあと、デュア・リパは追い討ちをかけるようにしてまたも元気が出る失恋ソング「IDGAF」をリリースします。タイトルの「IDGAF」は「I don't give a f*ck」（マジでどうでもいい）を略したもので、歌詞は復縁を迫る元カレを追い払うなかなかに手厳しい内容。「ひさしぶりに電話をかけてきて"寂しかった"とか言ってるけど、超笑える。あんたが思っているほど私はお子様じゃない。もう何度も泣いて立ち直ったから、あんたの愛なんていらない。あんたなんてマジでどうでもいい」と啖呵を切るデュア・リパの勇姿は、新時代の女性ポップシンガー像を見事に体現するものといえるでしょう。

「New Rules」「IDGAF」収録
デュア・リパ『Dua Lipa』（2017年）

「働くママ」を讃えるラップ

ここからは「多様性と包括性」をキーワードにして、セレモニーを彩ったパフォーマンスから印象深かったものを3つ紹介しましょう。

まずはカーディ・Bの「Money」から。彼女は1992年生まれニューヨーク出身、元ストリッパーという異色の経歴をもつラッパーです。ヒップホップにとどまらず、現行のポップミュージック全体をひっくるめていま最も勢いのある女性アーティストといってもいいかもしれません。

カーディ・Bは今回のグラミー賞で最優秀レコード賞や最優秀アルバム賞など主要部門でもノミネートされていましたが、残念ながら受賞はアルバム『Invasion of Privacy』での最優秀ラップアルバム賞のみ。それでも、このカテゴリーの女性ラッパーの受賞は史上初の快挙となりました。

そのカーディ・Bは、セレモニーでアルバム未収録の新曲「Money」を披露しています。順当にいけば『Invasion of Privacy』から生まれた全米ナンバーワンヒット「I Like It」をパフォームするところですが、この重要なステージでなぜ彼女はあえて「Money」を選んだのでしょうか。僕は、これは女性のエンパワメントやウーマンパワーの観点からの選曲なのではないかと考えています。

カーディ・B
「Money」（2018年）

というのも、この「Money」はタイトルから連想されるヒップホップお決まりの拝金主義的な内容というよりはむしろ「ワーキングマザー賛歌」の色あいが濃くなっているからです。それは、曲中でたびたび「ジェット機に乗るのも寝起きのセックスも好き／だけど、この世にお金より好きなものはない／私が本当に望んでいるのはお金だけ」と繰り返すカーディがメイクマネーする理由を「赤ちゃんが産まれたからお金がいるの／娘のためにお金が必要」と打ち明け、最終的に「やっぱりこの世でいちばん好きなものは私の娘／イケてる女に必要なのはお金と子供」と結論づけている歌詞からも明らか。それを裏づけるように、「Money」のミュージックビデオでは赤ん坊に授乳しながらラップをする「働くママ」カーディの姿が随所に挟み込まれる構成になっています。

はみ出し者たちに捧げたヒーリングソング

続いては、ブランディ・カーライル (Brandi Carlile) の「The Joke」。彼女は1981年生まれワシントン州出身のシンガーソングライターで、アメリカンルーツミュージックを現代的に解釈したジャンル「アメリカーナ」の人気アーティストです。主要3部門を含む計6部門にノミネートされていたブランディは、今回のグラミー賞のダークホースとして注目を集めていました。結果、主要部門の受賞は逃しましたが、チャイルディッシュ・ガンビーノとケイシー・マスグレイヴスに次ぐ3部門（最優秀アメリカーナアルバム賞、最優秀アメリカンルーツソング賞、最優秀アメリカンルーツパフォーマンス賞）で受賞しています。

ブランディ・カーライルも「多様性と包括性」のテーマに見事に該当するアーティストです。今回の授賞式のパフォーマーにはジャネール・モネイ (Janelle Monáe) やセイント・ヴィンセント (St. Vincent) など、LGBTQのアーティストが数人含まれていましたが、このブランディもそのうちのひとり。15歳のときに自分がレズビアンであることをカミングアウトしています。そんな彼女は、受賞時のスピーチでこんなことを話していました。

「私は子供のころから完全にはみ出し者でしたが、そんな私をアメリカーナミュージックが救ってくれました。高校のときにカミングアウトして以来、パーティーに呼ばれたことは一度もありません。でも、いまのアメリカーナミュージックのコミュニティは、私にとってパーティーのような存在になっています」

ブランディ・カーライル
『By the Way, I Forgive You』（2018年）

　ブランディがパフォームした「The Joke」は、まさに社会のさまざまな「はみ出し者たち」に捧げたヒーリングソング。歌詞の一番はおそらくゲイの男の子、二番は男性社会で疲弊しきった女性に向けられたものだと思われます。

　ちょっと神経質になってるんじゃない？／声を潜めて、隙を見せないように／喜びを奪われてなるものかと／穏やかなたたずまいでいるように努めて／勇み立つ彼らをなだめているけれど／その気になればあの人たちはあなたを侮辱したり／叱りつけたり／貶めたりする／きっと気に入らないの／輝いてるあなたのことが／シャツを握りしめて／そのなかを見せまいとするあなた／どれほど傷ついているかを

　やる気をなくしているのね／もうずっとここは男の世界だから／逆流のなかで生きていくには／やむを得ず悪に手を染めることもあるかもしれない／それは夢うつつ／あるいは裏切り／あの人たちはあなたの顔に泥を塗る／弱虫だと言って追い払う／でも 赤ちゃんを背負って砂漠を越

えたあなただもの／私には見える／その髪に隠れた瞳が／疲れてはいても／決して恐れてはいない

笑わせておけばいい／いまのうちだけよ／やらせておきなさい／好きに言わせておけばいい／私はたくさんの映画を見てきたから／どんな幕切れになるかわかっている／笑いものになるのはあの人たちだよ

「ソウルの女王」へのトリビュート

　最後はセレモニーの大団円を飾った3人の女性ソウル／ゴスペル歌手、ファンテイジア（Fantasia）、アンドラ・デイ（Andra Day）、ヨランダ・アダムス（Yolanda Adams）の共演による「(You Make Me Feel Like) A Natural Woman」。これは2018年8月16日に亡くなったソウルの女王、アレサ・フランクリン（Aretha Franklin）のトリビュートパフォーマンスですが、「多様性と包括性」をテーマに掲げてウーマンパワーを前面打ち出した今回の授賞式を締めくくるパフォーマンスとして、おそらくこれ以上のものは求められないでしょう。アレサの影響を強く感じさせる歌い手として、ファンテイジア、アンドラ・デイ、ヨランダ・アダムスという人選も完璧。個人的には、やはりアレサのフォロワーのひとりであるホストのアリシア・キーズが加わってもよかったのではないかと思いました。

　76歳で他界したアレサ・フランクリンは、ポップミュージック史における最も偉大な女性シンガーのひとり。1960年代の**ウーマンリブ運動**のアンセムになった「Respect」をはじめ、音楽面からフェミニズムを推進したパイオニア的存在です。

　今回取り上げられたアレサ・フランクリンのキャリアを代表する名曲

● ウーマンリブ運動
女性のために男性と平等な権利を求め、1960年代後半から1970年代前半にかけて起こった運動。「男性の性欲の対象になること」を女性に強いる社会的圧力に反対し、「女性であること」を理由に社会的な地位に就くことや職業選択、政治的意志決定などが阻害されない世の中を目指す。「フェミニズム運動」とも呼ばれる。

「(You Make Me Feel Like) A Natural Woman」は、1967年にヒットした女性賛歌。しばしばアレサはそのすさまじい歌唱力によって歌本来の意味を変えてしまうようなところがありますが、この曲はそんな彼女の真骨頂といっていいでしょう。

「(You Make Me Feel Like) A Natural Woman」収録
アレサ・フランクリン『Lady Soul』（1968年）

「(You Make Me Feel Like) A Natural Woman」の作者は、キャロル・キングとジェリー・ゴフィンの夫婦ソングライターチーム。おそらくふたりは男性に寄り添う健気な女性をイメージして「あなたといると私はいつも素直な飾らない自分でいることができる」という歌詞を書いたのだと思いますが、同じ歌詞をゴスペル仕込みのボーカルを駆使するアレサが歌うと「あなた」が「神」に変換されて「神様、あなたのおかげで私はありのままの女性でいることができます」となるわけです。つまりアレサは、その歌のパワーをもってシンプルなラブソングを作者の意図を超えた力強いフェミニストアンセムに仕立ててしまったということ。彼女に提供されることがなかったら、この歌の意義はまたちがったものになっていたかもしれません。

　この感動的なアレサのトリビュートパフォーマンスをもって幕を閉じた第61回グラミー賞。前年の反省を受けて「やるべきこと」が明確だったからか、ポイントがよく整理された見どころの多いセレモニーではありましたが、女性アーティストやヒップホップ勢の不信感を払拭するのはまだまだこれからが本番でしょう。グラミー賞の真価は、ニール・ポートナウが会長を退任して新体制でのスタートとなる2020年に問われることになりそうです。

アメリカ文化のターニングポイント
ビヨンセがコーチェラで表現したこと

ドキュメンタリー『Homecoming: A Film by Beyonce』

「ジェーン・スー 生活は踊る」（2019年4月19日放送）

『ブラックパンサー』と同等のカルチャーインパクト

　いま、欧米のポップミュージックシーンはこのニュースで持ちきりになっています。今週4月17日、R&BシンガーのビヨンセがNetflixで映画『Homecoming: A Film by Beyonce』を公開しました。これは昨年2018年4月、いまや世界最大規模のポップカルチャーイベントといえるアメリカの野外音楽フェスティバル「コーチェラ・フェスティバル」(Coachella Valley Music and Arts Festival) でヘッドライナーを務めたビヨンセのパフォーマンスとその舞台裏を追った長編ドキュメンタリー。ビヨンセは1999年から始まった「コーチェラ」の歴史上初の黒人女性ヘッドライナーとしてステージに上がり、総勢100名以上に及ぶダンサーやマーチングバンドと共に圧巻のパフォーマンスを繰り広げたのです。

　通称「Beychella」（ビーチェラ）と呼ばれたビヨンセのコーチェラのパフォーマンスを海外メディアは「アメリカ文化のターニングポイント」「歴史的偉業」などと大絶賛していましたが、そんな伝説のステージが今回ついに映像化されたということで非常に大きな話題を集めています。この「Beychella」がなぜ「歴史的偉業」と評されて

『HOMECOMING: ビヨンセ・ライブ作品』（2019年）

いるのかというと、基本的に白人の観客が多くを占めるロック主体のフェスティバルであるコーチェラにおいて、彼女は黒人文化の集大成といえる緻密で完璧なステージを披露してオーディエンスを圧倒してみせたからです。

　ビヨンセがコーチェラのステージに立つ2ケ月前の2月16日にはマーベル初の黒人ヒーロー映画『ブラックパンサー』が全米公開されてハリウッドの常識を覆す大ヒットを収めていますが、「Beychella」はこの『ブラックパンサー』と同等のカルチャーインパクトを与えた大事件といえるのではないでしょうか。つまり2018年の2月から4月にかけては、まさにアメリカのポップカルチャーが大きくアップデートされた数ケ月だったわけです。そういえば2017年はアメリカの音楽売り上げのシェアでヒップホップ／R&Bが初めてロックを上回りましたが、『ブラックパンサー』と「Beychella」の衝撃はそんなタイミングを考えても大きな意味があったといえるでしょう。

花冠を用意するよりも自分たちの文化を表現する

　ここ数年アメリカでは人種差別撤廃を求める「Black Lives Matter」運動の拡大を経て、黒人文化の素晴らしさを讃える「Black Excellence」という言葉が広まっていますが、映画『ブラックパンサー』と「Beychella」はそんな現代の「Black Excellence」のシンボルといっていいでしょう。実際、ドキュメンタリー中でビヨンセが「コーチェラの出演を決めたときは花冠を用意するよりも自分たちの文化を表現するほうが大切だと思った」とコメントしている通り、「Beychella」は「ブラックネス」を強烈に打ち出したステージになりました。

●『ブラックパンサー』
2018年公開。ライアン・クーグラー監督。アフリカにある架空の国「ワカンダ」の王ティ・チャラ（チャドウィック・ボーズマン）がヒーロー「ブラックパンサー」として活躍する姿を描く。本作が大ヒットしたことで「黒人映画は売れない」という偏見は覆えされた。主演のチャドウィック・ボーズマンは続編にも出演予定だったが、2020年8月28日に大腸ガンで逝去。43歳の若さであった。

HOMΣCOMING

THE LIVE ALBUM

ビヨンセ
『Homecoming: The Live Album』（2019年）

ドラムライン（黒人マーチングバンド）に導かれて古代エジプト王妃ネフェルティティを連想させるコスチュームでビヨンセが登場するオープニング、黒人のための高等教育機関として設立された大学群「歴史的黒人大学」（Historically Black Colleges and Universities）をテーマにしたステージコンセプト（同窓会を意味するドキュメンタリーのタイトル『Homecoming』もここに準拠している）、「黒人の国歌」（Black National Anthem）として知られる賛美歌「**Lift Every Voice and Sing**」の歌唱、マルコムＸやニーナ・シモンといった公民権運動を代表する黒人アクティビストへのトリビュート、そのマルコムＸのスピーチ（「アメリカで最も蔑まれ、危険にさらされ、無視されているのは黒人女性だ」）に象徴されるブラックフェミニズムの主張。そして、デスティニーズ・チャイルド（Destiny's Child）時代から現在に至るビヨンセの20年のキャリアを集大成するセットリストのそこかしこに織り込まれた黒人音楽のレガシーは、ビヨンセのルーツであるゴスペル、ニューオーリンズのブラスバンド、フェラ・クティ（Fela Kuti）が考案したアフロビート、レゲエやレゲトンに代表されるカリブ音楽、ワシントンD.C.発祥のゴーゴー、ビヨンセの故郷ヒューストンで生まれたヒップホップの手法チョップド＆スクリュードなど、枚挙にいとまがありません。コーチェラのステージに寄せるビヨンセの「細部すべてに意図がある」という自負は誇張でもなんでもないのです。

● Lift Every Voice And Sing
元は作家／公民権運動家のジェームズ・ウェルドン・ジョンソンが、1900年にエイブラハム・リンカーン大統領の誕生日のために捧げた詩。1905年に彼の弟であるジョン・ロザモンド・ジョンソンがメロディをつけていまの形になった。タイトルの「Lift Every Voice And Sing」は「みんな声を上げて歌おう」の意。

世界に向けてベストなことをやる責任がある

このブラックネスを前面に押し出したステージに関して、当初ビヨンセの母ティナ・ノウルズは白人中心のコーチェラのオーディエンスに受け入れられるのか、懸念していたことを自身のInstagramで明かしています。

> 「コーチェラのオーディエンスの大半を占める白人は、ビヨンセが表現する黒人文化に困惑してしまうのではないか、私は彼女にそう伝えました。きっと彼らには理解できないだろうと思ったからです。そんな私の見解に対するビヨンセの勇気ある返答には、自分がどれだけ身勝手であったか、恥ずかしくなってしまいました。彼女はこう言ったのです。"私はこれまで必死に努力して、本物の声を手に入れた。いまの私は、自分の人生やキャリアをかけてでも世界に向けてベストなことをやる責任がある。人気がいちばんあるとか、そういうことはもう関係ないの"。ビヨンセは、コーチェラのショーが終わったあとで若者たちが自分たちのカルチャーを調べて、いかにそれらがクールなものか理解してくれたらうれしいと話していました。そして黒人白人問わずすべての若者が"Lift Every Voice And Sing"を聴いて、これが私たちすべてにとっていかに素晴らしく、人種間の差異を埋める言葉であることを知ってほしい、と。またビヨンセは、若いキッズが歴史的黒人大学を目指すきっかけになれたら、とも願っていました。どうやら私がまちがっていたようです」

このティナ・ノウルズのコメントから思い浮かぶのは、今回の『Homecoming』の序盤に挿し込まれるニーナ・シモンのモノローグです。ビヨンセの「花冠を用意するよりも自分たちの文化を表現するほうが大切だと思った」という決意は、おそらくこのニーナの言葉に触発されたのではないでしょうか。

「あなたの疑問は私がそこまで執着する理由でしょ。黒人であることや黒人文化に対する誇り。ブラックパワーを黒人たちに訴える理由。そうでしょ？　選択の余地はないの。私にとって黒人は世界でいちばん美しい生き物。私の役目は黒人たちに自身への興味を持たせること。なんとしてでも彼ら自身に意識を向けさせたい。自身のルーツやすばらしい遺産について。私は彼らを説得せずにはいられない。なんとしてでもやるわ」

　コーチェラでニーナからビヨンセへと受け継がれたスピリットは、すでにそこから次代のアーティストにも継承されています。2017年の第59回グラミー賞で最優秀新人賞を受賞したチャンス・ザ・ラッパーはビヨンセのコーチェラでのパフォーマンスが行われた直後の2018年5月、ルイジアナ州ディラード大学の学位授与式に出席して卒業生たちにこんな言葉を贈っています。

「コーチェラのビヨンセのパフォーマンスは、マイケル・ジャクソンの過去のどのパフォーマンスよりも素晴らしいものでした。あの黒人女性は、なんとマイケル・ジャクソンを超えたのです。はい、言ってしまいました (笑)。こんなことを言うと不快に思う方もいるかもしれませんね。いまここで話したことを、きっとメディアはこんな見出しで取り上げるでしょう。"チャンス・ザ・ラッパー曰く：ビヨンセはマイケル・ジャクソンを超えた！"。でも、私は構いません。どうぞ好きなように書いてください。私はコーチェラのビヨンセのパフォーマンスを通じて、自分には先人たちを超える責務があることに気づかされました。私たちはお手本を目指すように生きるのではなく、お手本を超えていかなくてはいけないのです。恐怖や偏見を消し去って、かつてのヒーロー像を更新していかなくてはいけません。それはつまり、先人よりも優れた人間になれ、ということです。きっと、私が言っていることをよく思わない人もいるでしょう。でも、それはまったく違います。先人に対して私たちが示すことのできる最大の敬意とは、彼らを超えることなのです」

私たちの誇りを示そう
テイラー・スウィフト、勇気の決断

テイラー・スウィフト「You Need to Calm Down」

「アフター6ジャンクション」（2019年6月26日放送）

初めての政治的メッセージソング

　テイラー・スウィフトがニューアルバム『Lover』からの先行シング
ル第2弾「You Need To Calm Down」を6月14日にリリース。アメリ
カの『Billboard』シングルチャートで初登場2位を記録しました。この
曲は一聴する限りでは楽しいポップソングですが、歌詞には彼女にとっ
て初めての政治的／社会的メッセージが託されています。

　テイラー・スウィフトといえば、彼女が初めて全米シングルチャート
で1位を獲得した2012年の「We Are Never Ever Getting Back To-
gether」がよく知られています。この曲は曖昧な態度を取り続けている
ボーイフレンドに絶縁状を叩きつける歌。「あなたは君が忘れられない
だとか会いたいだとか電話
してくるけれど、もう次は
ないから。ヨリを戻すなん
て絶対にありえない」とい
う歌詞は、一時期交際して
いた俳優のジェイク・ジレ
ンホールに宛てたものとい
われています。

テイラー・スウィフト
『Lover 』（2019年）

　このように、テイラーは自身の実際の恋愛経験を題材にして曲をつくることで知られています。一時期、こうした元カレへの復讐ソングは彼女のトレードマークになっていたようなところがありました。そこには本人も自覚的なようで、2010年のアルバム『Speak Now』の収録曲、その名も「Better Than Revenge」では「私はなによりも復讐が得意なんだから」と言い放っています。

「We Are Never Ever Getting Back Together」収録
テイラー・スウィフト『Red 』（2012年）

　そんなテイラーが今回の新曲「You Need to Calm Down」で初めて政治的／社会的メッセージを扱っていることからたいへん大きな話題を集めているわけです。彼女が具体的にどんなことに言及しているかというと、LGBTQコミュニティの支持表明を軸として、ホモフォビア、彼女のアンチ、ドナルド・トランプ大統領らに対する牽制がメイン。もちろん、これは6月がLGBTQプライド月間であることを踏まえてのリリースなのでしょう。

テイラー・スウィフト
『Speak Now』（2010年）

保守層に支えられるカントリーミュージック

　これはよく指摘されてきたことですが、テイラーはこれまでずっとみずからの政治的スタンスについて沈黙を保ってきました。2016年の大統領選の際には大勢のアーティストやセレブリティが反トランプを掲げるなか、彼女がやったことといえば選挙当日に投票所に並ぶ自分の姿をSNSにアップしてフォロワーに選挙に行くよう促したのみ。マドンナ、ジェニファー・ロペス、ビヨンセ、レディー・ガガ、ケイティ・ペリー、アリアナ・グランデなど、多くの人気女性シンガーがヒラリー・クリントン支持を打ち出してムーブメント化していただけに、一切政治的見解を表明しなかったテイラーは厳しい批判を浴びることもありました。

　こうしたテイラーの態度の背景には、彼女が共和党支持者の多い保守層に支えられたカントリーミュージックを出自としていることが大きな影を落としています。すでにテイラーは2曲目の全米ナンバーワンヒットになった「Shake it Off」を含む2014年のアルバム『1989』をもってカントリーからポップミュージックに軸足を移していますが、政治的立ち位置としてはリベラルと保守、どちらにも肩入れできない複雑な事情があるのでしょう。やはりカントリー出身のアーティストとしては、どうしても2003年のディクシー・チックス（Dixie Chicks／2020年6月に The Chicks に改名）をめぐる一件（イラク戦争に踏み切った共和党のジョージ・W・ブッシュ大統領を批判したことにより保守層からの激しいバッシングにさらされた）が頭をよぎるのかもしれません。テイラーはそんなリスクを鑑みて、やむなく静観の構えを貫いたのだと思われます。

テイラー・スウィフト
『1989』（2014年）

あなたには声を上げる責務がある

　その後も引き続き政治の話題、特にトランプ政権についてまったく触れようとしないテイラーに対しては、同業のミュージシャンからも疑問の声が上がるようになりました。2018年6月、ナイン・インチ・ネイルズ（Nine Inch Nails）のトレント・レズナー（Trent Reznor）は『The New York Times』のインタビューでこんなコメントをしています。

> 「90年代半ば、ある取材を受けていたときに言われたことが心に残っているんだ。"強い影響力をもつあなたには、声を上げる責務があります。なぜなら、人々は感じていることを明確にするために誰かを必要としているからです"とね。当時は面倒なことには口をつぐんで放っておくほうが楽だと思っていたが、それで考えを改めた。テイラー・スウィフトのようなカルチャーに影響力のある若い連中は、自分のブランドやファン層、成功やキャリアなどに傷がつくことを気にして、政治を語ろうとしないんだ」

とにかく投票はしなければいけない

　こうしたなか、テイラーが沈黙を破って政治的姿勢を明らかにしたのはアメリカ中間選挙を一ヶ月後に控えた2018年10月7日のこと。彼女は自身のInstagramを通じてこんな長文を投稿したのです。

> 「これは11月6日に行われるテネシー州の中間選挙についての投稿です。これまで、私は自分の政治的意見を公に表明することに消極的でしたが、この2年のあいだに私の人生や世界でさまざまな出来事があったため、いまではその考えが大きく変わってきました。私はこれまでも、そしてこれからも、どの候補者がこの国で私たちすべてが享受に値すると信じている人権を守り、そのために戦ってくれるのか、それに基づいて投票します。私はLGBTQの権利のための戦いを信じています。そして、性的指向やジェンダーに基づくあらゆる差別はまちがっていると考えてい

177

ます。この国に肌の色による恐ろしくて病的な**システミックレイシズム**（制度的人種差別）がはびこっていることも認識しています。

私は、肌の色、ジェンダー、そして誰を愛しているかに関係なく、すべてのアメリカ人の尊厳のために戦うことを良しとしない人に投票することはできません。テネシー州の上院選に立候補しているのは、マーシャ・ブラックバーンさんという女性です。私はこれまでもそうしてきたように、これからも女性議員に投票したいと思っていますが、マーシャさんを支持することはできません。彼女の議会での投票記録には驚くと共に恐ろしくなりました。彼女は男女の同一賃金案に反対票を投じています。そして、ドメスティックバイオレンス、ストーカー行為、デートレイプなどから女性を守ろうとする*VAW法*（Violence Against Women Act）にも反対しました。さらに彼女は、企業が同性カップルに対するサービスを拒否する権利があるとも考えています。また、同性カップルは結婚する権利をもつべきではない、とも。これらは、私のテネシー的な価値観と大きく異なるものです。

私はフィル・ブレデセン上院議員とジム・クーパー下院議員に投票します。どうか、どうか皆さん、あなたの住む州の候補者をよく理解して、あなたの価値観に最も近い人に投票してください。多くの場合、すべての問題について100％同意できる候補者や政党を見つけることは困難でしょう。でも、とにかく投票はしなければいけません。この2年のあいだでたくさんの知的で思慮深く主張のある人々が18歳になって、いまでは自分で投票できる権利と特権をもてるようになりました。ただ、投票するには登録をする必要があります。10月9日はテネシー州で投票のための登録ができる最後の日。情報は*vote.org*にアクセスして入手してください。*Happy Voting！*」

● システミックレイシズム
個人による差別ではなく、社会に慣習として根付いている不平等のこと。刑事司法、雇用、住居、医療、教育、政治的権力など、その影響は多岐にわたる。

前より25%ぐらい好きじゃなくなった

　1億1200万人ものフォロワー（当時）に向けて、ついに重い口を開いたテイラーの訴えはすさまじい反響を呼びました。彼女の投稿後、有権者登録サイトの新規登録は24時間で約10万5000人にも上りましたが、これは8月の一ヶ月間の新規登録者数である5万6669人をも大きく上回る数字。さらに選挙啓発に携わる非営利団体「vote.org」のサイト訪問者数も15万6000人に跳ね上がるなど、「テイラー効果」の威力をまざまざと見せつけています。先ほどのトレント・レズナーの発言通り、影響力をもつ立場の人間が声を上げることの意義を改めて思い知らされるテイラーのアクションでした。

　テイラーが投稿したのち、2017年の彼女の最新作『Reputation』はiTunesランキングで32位から14位に上昇。圏外だった前作『1989』も74位に再浮上しました。長年険悪な関係にあったケイティ・ペリーはテイラーの投稿に「いいね！」をつけると「彼女は素晴らしいお手本を示したね！」と賞賛するなど、テイラーの意志表明はおおむね好意的に受け止められましたが、もちろん反発がなかったわけではありません。

　保守派の評論家アン・コールターは「テイラーは自分の意志で民主党支持を表明したわけではない。"かわいいだけの白人の女の子"と悪質な攻撃を受けていたことから、エージェントに民主党支持を打ち出すように言われたのだ」とTwitterに投稿。また、保守派団体『Turning Point USA』の設立者であるチャーリー・カークはニュース番組で「テイラーは政治から距離を置いているところが好きだった」と、共和党のマイク・ハッカビー元アーカンソー州知事はTwitterを通じて「有権者を13歳以上の少女にでもしない限り、テイラーが投票に影響を与えることはない」との見解を示しました。

　テイラーが生み出した大きなうねりは、かねてより彼女のファンを公言していたトランプ大統領にも届くことになりました。トランプはティ

ラーの投稿に対して、合同会見でこんなコメントを残しています。

> 「マーシャ・ブラックバーンはテネシー州で非常に良い仕事をしている。
> 現在彼女は大幅にリードしているんだ。本当に偉大な女性だよ。きっと
> テイラーは彼女のことをなにも知らないんじゃないかな。私はテイラー
> の音楽が好きだったが、前より25%ぐらい好きじゃなくなったよ（笑）」

自分の権利を行使するといい気分になる

　そして迎えた11月6日、中間選挙テネシー州連邦上院選の投票日。10
月7日以降再三投票を呼びかけてきたテイラーは、Instagram のストー
リー機能を使って最後のメッセージ動画をアップしました。

> 「今日はなんの日だっけ？　火曜日よね。今日はなにをする予定？　思
> い出した？　そう、今日は選挙の投票日。最近、若い有権者たちやここ
> 数年で選挙権を持つことになった世代を過小評価するような意見をたく
> さん見てきた。でも彼らは同時多発テロのあとに生まれて、学校で銃乱
> 射事件が起こり得る環境で育ってきた。彼らは投票したいと思ってるは
> ず。変化を求めるだけではダメ。投票したいと思うだけでもダメ。投票
> 所に足を運んで、実際に投票することで変化を起こそうよ。今日は私た
> ちにそのチャンスが与えられた日。自分の権利を行使すると、とてもい
> い気分になるよ。約束する」

　当日中に行われた開票の結果は、テイラーが支援した民主党のフィル・
ブレーデンセンを破って共和党のマーシャ・ブラックバーンが勝利。共
和党が議席を維持しました。初めて政治的行動を起こしたテイラーの悲
願は叶いませんでしたが、もちろん彼女がこれで屈するはずがありませ
ん。このあと、テイラーはより果敢で具体的な動きに打って出ることに
なります。

初めてのトランプ大統領批判

　次にテイラーが大きなアクションを起こしたのは、2019年6月1日。民主党支持の表明と中間選挙への投票を訴える Instagram の投稿でLGBTQの権利を強く主張していたテイラーは、プライド月間である6月の初日にテネシー州の共和党上院議員ラマー・アレクサンダーに宛ててLGBTQへの差別を禁じる平等法（Equality Act）の支持を求める長文の手紙を送ったことを明らかにしたのです。この平等法は5月17日に下院で可決されたもので、雇用、住宅、教育、司法、融資などにおいて性的指向や性自認に基づく差別禁止を要求しています。

　この手紙においてテイラーは、64％のテネシー州民が平等法を支持しているという調査結果に加え、政党を超えた71％のアメリカ国民がLGBTQの人々を差別から保護することに賛同している事実を提示。平等法に反対票を投じることは多くのテネシー州民のみならず、アメリカ国民全体の願いに反することだと述べました。

　続けてテイラーは、政府が「すべての人を平等に扱うことを支持する」との見解を示しているにもかかわらず、トランプ大統領は「現状の平等法は親権や良心のあり方の決定を脅かす害悪にまみれている」との声明を出していることに触れ、彼のスタンスは到底受け入れがたいものであると抗議。異性愛者もしくはシスジェンダー（身体の性と心の性が一致している人）以外の人は道徳的にまちがっているとする態度は非常に有害であると、初めて公にトランプ大統領を批判しました。

私たちは一緒に立ち上がらないといけない

　さらにテイラーは、ラマー・アレクサンダー上院議員に送った手紙の画像に添えてこんな長文のコメントも投稿しています。

「Happy Pride Month!! 祝うべきことがたくさんある一方で、この国のすべての人々が真の意味で平等に扱われるまでには、まだまだ遠い道のりがあります。最近の素晴らしいニュースとしては、下院が平等法を可決しました。これはLGBTQの人々を職場、家庭、学校、そのほかの公共の施設での差別から保護するものです。次のステップは、この法案が上院に提出されることです。私はプライド月間が始まるにあたり、上院議員に手紙を書いて平等法が可決されるべきと強く感じていることを説明しました。皆さんもぜひ自分の州の上院議員に手紙を書くことをお勧めします。ハッシュタグ"#lettertomysenator"（上院議員に手紙を）で皆さんの手紙を見つけることを楽しみにしています。

平等法がいつ上院で採決されるかについての情報はまだありませんが、ひとつだけ確かなことがあります。政治家が公職に就き続けるためには票が必要なのです。そして、その票は国民から与えられるものです。多くの人々からの圧力は、政治家をポジティブな変化に向かわせる効果があります。だからこそ、私はchange.orgで請願書を作成して平等法を支持するよう上院に働きかけることにしました。

私たちの国には自国民に対する保護がないため、LGBTQの人々は同性愛嫌悪／トランスフォビックの雇用主や家主によって自分たちの生活を一変させられるかもしれないという恐怖のなかで生きていかなければなりません。一部の人々が他者からの憎悪や偏見にさらされ、それに対して法的になにも対処できないという事実は、非常に不快で許しがたいものです。

だからこそ、私たちの法律が国家レベルですべての国民を本当の意味で
平等に扱うよう、この要求によって私たちの誇りを示そうではありませ
んか。私のバイオにあるリンクをクリックして、平等法の上院支持を求
める請願書に署名してください」

　平等法の可決に向けて自身のInstagramを通じて署名を求める投稿
をしたその日の夜、テイラーはロサンゼルスのフェス『2019 iHeart-
Radio Wango Tango』に出演。彼女はレインボーカラーのコスチュー
ムでステージに立つと、パンセクシュアルであることをカミングアウト
しているパニック・アット・ザ・ディスコ（Panic! at the Disco）のブレンド
ン・ユーリー（Brendon Urie）を招いて最新シングル曲「Me!」を披露する
と共に、オーディエンスに向けてこんなメッセージを投げかけました。

「私が書いた多くの曲は、愛について歌っています。誰を愛するか、ど
う定義するか。それは自分で決めることができて当然だと思っています。
ほかのみんなとまったく同じ権利があるのも当然のことだと思います。
平等法の請願署名は、私のInstagramのリンクから見ることができます。
これは平等法の可決を求めるためのもので、基本的には"私たちは誰も
がみなフェアで平等に扱われるべき"というメッセージを政府に送りたい、
ただそれだけです。もしあなたが請願書に署名してくれたら、それは私
にとってとても大きな意味があります。なぜなら、私たちは一緒に立ち
上がらないといけないと思っているからです。そう思いませんか？」

いい加減ちょっと落ち着いたら？

テイラー・スウィフト
「You Need To Calm Down」(2019年)

そして2週間後の6月14日、テイラーはニューアルバム『Lover』のリリースに向けての2枚目の先行シングルとして初めての政治的／社会的メッセージを含む新曲「You Need to Calm Down」を発表。テイラーは『Vogue』のインタビューでこの曲の歌詞の内容に関して「一番はネット荒らしと**キャンセルカルチャー**、二番は同性愛嫌悪と**コンサート会場の周りでピケッティング**をする人たち、三番は成功した女性が互いに競い合っていることについて」と説明していますが、ネット上では「あなたはちょっと落ち着くべき」というタイトルに象徴される挑発的な物言いの多くはトランプ大統領に向けられたものにちがいない、という見方が濃厚です。歌詞の一部を紹介しましょう。

● **キャンセルカルチャー**
著名人の過去の発言、行動、SNSでの投稿などを糾弾する現象のこと。前後の文脈が無視されていたり、直接的な被害者がいないにもかかわらず過度にバッシングされるなど、行き過ぎたキャンセルカルチャーが疑問視されることも多い。

● **コンサート会場の周りでピケッティングをする人々**
ここでは「LGBTQコミュニティを支援するテイラーに抗議するため、ライブ会場の付近に集まっている人々」のことを指していると思われる。「You Need to Calm Down」のミュージックビデオにも、同性愛嫌悪者によるピケッティングを思わせる描写がある。

あなたは私の知り合いでもなんでもないのに／ミサイルみたいに私の友達を攻撃する／なぜ怒るの？／GLAAD（LGBTQの権利を擁護する団体『Gay and Lesbian Alliance Against Defamation／中傷と戦うゲイ&レズビアン同盟』の通称。喜びを意味する「glad」とかけている）になればいいじゃない／太陽の光がパレードの進んで行く通りに降り注ぐ／それなのに暗黒時代のほうがいいとあなたは思うのね／きっと一晩かけてあの横断幕をつくったんでしょ／馬鹿げたことはやめて、しっかり気持ちを落ち着けて／平和を取り戻そうよ／嫌いな相手を片っ端から怒鳴りつけてくる衝動を抑えなくちゃ／不快な顔をしてみせたって、ゲイがゲイでなくなるわけじゃないんだから／ねえ、いい加減ちょっと落ち着いたらどうかな

LGBTQのセレブが大集結

　テイラーが「You Need to Calm Down」に託したメッセージは、同時公開されたミュージックビデオを見ることでより理解が深まると思います。2018年には来日公演も実現したYouTuber出身のゲイのエンターテイナー、トドリック・ホールがテイラーと共にエグゼクティブプロデューサーを務めたその内容は、国民的トーク番組『エレンの部屋』ホストのエレン・デジェネレス、実質的なクイーンの現ボーカリストであるアダム・ランバート（Adam Lambert）、リアリティショウ『ル・ポールのドラァグ・レース』のル・ポール、同じくNetflixの人気リアリティ番組『クィア・アイ』のファブ5、平昌オリンピックのフィギュアスケート銅メダリストであるアダム・リッポン、賞レースの時期になると斬新なファッションでレッドカーペットを沸かせる俳優ビリー・ポーター、コメディドラマ『モダン・ファミリー』で名高い俳優のジェシー・タイラー・ファーガソンと弁護士ジャスティン・ミキタの同性婚カップル、シンガーソングライターのチェスター・ロックハート（Chester Lockhart）とヘイリー・キヨコ（Hayley Kiyoko）など、LGBTQのセレブを大々的にフィーチャー。さらに、ついにテイラーと和解したケイティ・ペリー、R&Bシンガーのシアラ（Ciara）、映画『デッドプール』（デッドプールはパンセクシャルという裏設定がある）シリーズでおなじみライアン・レイノルズなど、

「You Need To Calm Down」ミュージックビデオ
（テイラー・スウィフト公式YouTubeチャンネルより）

トータルで20名以上に及ぶ豪華ゲストが出演するカラフルな一本に仕
上がりました。

「You Need to Calm Down」のビデオの気になるポイントをいくつか
解説しておきましょう。まず冒頭に登場する「Mom, I am a rich man」
（ママ、私がお金持ちなの）と書かれた絵画ですが、これはゲイアイコンである
歌手のシェールの言葉。彼女が母親から「いつか落ち着いてお金持ちの
人と結婚しなさい」と言われたことに対する有名な返答で、男女平等や
女性の自立のシンボルとしてたびたび引き合いに出される名言です。

また、ビデオ中でライアン・レイノルズが描いている絵は、ニューヨ
ークのグリニッジビレッジにあるゲイバー『Stonewall Inn』。これは6
月のプライドパレードの起源になった1969年6月28日の同性愛者による
抗議運動「ストーンウォールの反乱」が起きたLGBTQの聖地ですが、
実はテイラーはこの「You Need to Calm Down」のリリース日、
「Stonewall Inn」で開催されたLGBTQの支援団体『Stonewall Inn
Gives Back Initiative』のチャリティイベントにサプライズ出演してい

ます。「You Need to Calm Down」のビデオにも出演しているジェシー・タイラー・ファーガソンの呼び込みでステージに現れた彼女は、彼と共に「Shake it Off」をアコースティックギターでパフォームして大いに観衆を沸かせました。

　テイラーがLGBTQの権利の向上にどれだけ心血を注いでいるか、こうしたひとつひとつの活動からよくわかると思いますが——彼女は4月にもLGBTQの権利擁護団体『Tennessee Equality Project』に11万3000ドル（約1250万円）を寄付しています——「You Need to Calm Down」のミュージックビデオの最後には改めて請願書への署名を呼び掛けるテイラーのメッセージが映し出されます。「法律がすべての国民を平等に扱うことを国家レベルで要求して、私たちの誇りを示そうではありませんか」——ビデオの公開から数時間後、当初15万人を目標としていた署名の数は22万2000人を突破。政治的沈黙を破って声を上げたテイラーの奮闘は、確実に実を結びつつあるようです。

全米チャート最長1位記録更新
「黒人カウボーイ」が突き進んだ道の先

リル・ナズ・X「Old Town Road」

「アフター6ジャンクション」（2019年7月31日放送）

全米チャート17週連続1位の新記録

　今週7月27日、アメリカ『Billboard』シングルチャートの最長1位記録が更新されました。新記録を叩き出したのは、アメリカ南部ジョージア州出身20歳（2019年時点）のラッパー、リル・ナズ・X（Lil Nas X）。彼がベテランカントリー歌手のビリー・レイ・サイラス（Billy Ray Cyrus）をフィーチャーしてリリースした「Old Town Road」が17週連続1位を達成したのです。この曲、もともとはリル・ナズ・X単独の曲でしたが、のちにビリー・レイ・サイラスが加わったバージョンを制作。現在ではそちらが実質的なメインバージョンの扱いになっています。なお、これまで最長1位記録を保持していたのはマライア・キャリー＆ボーイズⅡメン（Boyz

「Old Town Raod feat. Billy Ray Cyrus」ミュージックビデオ
（リル・ナズ・X公式YouTubeチャンネルより）

II Men) の「One Sweet Day」(1995年)、そしてルイス・フォンシ (Luis Fonsi) &ダディー・ヤンキー (Daddy Yankee) feat. ジャスティン・ビーバーの「Despacito」(2017年)。共に16週連続1位をマークしました。

　今回新記録を樹立したリル・ナズ・Xはアフリカンアメリカンのラッパーですが、彼はカウボーイハットにウエスタンシャツというカウボーイファッションに身を包んでいます。その出で立ち通り、リル・ナズ・Xが「Old Town Road」で打ち出したのは最新のラップのサウンドとカントリーミュージックを融合させたカントリーラップ。ナイン・インチ・ネイルズ「34 Ghosts IV」(2008年)からサンプリングしたバンジョーの音色が印象的なトラックに乗せて、自分の信念を貫いていく決意表明のような歌詞をラップしています。

> *馬にまたがって古びた道を突き進む／行けるところまで行くんだ／誰も俺にはなにも言えない／お前は俺に何も言うことができない*

　実はこの「Old Town Road」、いまのアメリカ社会やポップミュージックの現在を反映したとても興味深いバックグラウンドを持っています。

SNSで大流行したカウボーイファッション

　まずは「Old Town Road」がどういう背景から出てきた曲なのか、紹介しておきましょう。ことの発端は、2018年からSNSを中心に巻き起こった昔ながらのカウボーイの格好を楽しむムーブメント「イーハーアジェンダ」(Yee Haw Agenda)。これはカウボーイのおなじみの掛け声「イーハー！」にちなんだネーミングで、直訳するならば「イーハー計画」といったところでしょうか。2019年の第61回グラミー賞で最多の4部門を受賞した革新派のカントリー歌手、ケイシー・マスグレイヴスが先鞭をつけて、そのあとで黒人コミュニティへとブームが波及していきました。女性ラッパーのカーディ・Bがテンガロンハットをかぶった写真をInstagramに投稿したりしていましたが、当初はファッション先行のム

ーブメントだったようです。

　こうした動きと並行して、ビヨンセがカントリー界のモンスターグル
ープ、ディクシー・チックスと「Daddy Lessons」のリミックスバージ
ョン（2016年）でコラボしたり、リル・ナズ・Xと同郷ジョージアのラ
ッパー、ヤング・サグ（Young Thug）がカントリーを取り入れた作品
『Beautiful Thugger Girls』（2017年）をリリースするなど、ブラックミ
ュージックとカントリーの距離が接近していた状況もありました。そん
な土壌から生まれたのが、リル・ナズ・Xの「Old Town Road」とい
うわけです。

　その後「イーハーアジェンダ」から派生するようなかたちで流行した
のが、動画共有アプリTikTokで盛り上がったハッシュタグチャレンジ
「#YeeHawChallenge」です。これはカウボーイの格好をして踊る動画
投稿企画なのですが、「Old Town Road」はこのチャレンジのBGMに
使われたことによって爆発的に広がっていきました。

　ここで注目したいのは、リル・ナズ・Xが「Old Town Road」のヒ
ット以前からSNSで数十万人ものフォロワーを抱えるいわゆるインフ
ルエンサーだったという点。Twitterで人気女性ラッパーのニッキー・
ミナージュのファンアカウントを運営していた彼は、もともとインター
ネットでバズを生むセンスに長けていたわけです。「Old Town Road」
のヒットは、SNSで培われたリル・ナズ・Xのマーケティングセンスの
賜物ともいえるでしょう。

アメリカ史の暗部をつく黒人カウボーイ

「Old Town Road」が全米チャート17週連続1位の新記録を達成する
までの道のりは、実に波乱に満ちたものでした。というのも、アメリカ
では黒人の青年がカウボーイの格好をしていること、ただそれだけで政
治性／批評性を帯びてくるところがあるからです。

一般的にカウボーイは白人のイメージが強く、その一方黒人のカウボーイはものめずらしい印象がありますが、実はそれはハリウッドが製作してきた西部劇によるすり込みにすぎません。**奴隷解放宣言**後の1800年代後半には4人に1人のカウボーイが黒人だったというデータもあるように、黒人カウボーイは決して奇異なものではなかったのです。**ブラックスプロイテーション**と西部劇を融合させたクエンティン・タランティーノ監督の映画『ジャンゴ 繋がれざる者』（2012年）はそんな歪められた歴史に異議を唱える傑作でしたが、カウボーイのコスチュームを身にまとったアフリカンアメリカンのリル・ナズ・Xは、もうそこに存在するだけでアメリカ史の暗部をつくような痛快さがあったのです。

『ジャンゴ 繋がれざる者』（2012年）舞台は南北戦争直前のアメリカ南部。奴隷のジャンゴ（ジェイミー・フォックス）が賞金稼ぎのシュルツ（クリストフ・ヴァルツ）と出会ったことで自由の身となり、生き別れになった妻を救出するため、残忍な奴隷主キャンディ（レオナルド・ディカプリオ）との闘いに挑む。

　まず「Old Town Road」が本格的にヒットし始めた2019年3月ごろ、当初はビリー・レイ・サイラスが参加していないリル・ナズ・X単独の

● **奴隷解放宣言**
1862年、アメリカ合衆国第16代大統領エイブラハム・リンカーンが、南部連合が支配する地域の奴隷たちの解放を命じた宣言。1865年の南北戦争終結後、アメリカ合衆国憲法第13条修正が承認されたため、奴隷たちの解放は公式に確立された。

● **ブラックスプロイテーション**
1970年代初頭に制作された映画のジャンル。主に都市部に住むアフリカ系アメリカ人の観客をターゲットにしており、黒人の俳優が演じるヒーローがファンクやソウルミュージックをバックに白人の悪役と闘う。ブラックスプロイテーションとは「ブラック」（黒人）と「エクスプロイテーション」（搾取）を掛け合わせた混成語であり、「黒人の観客からお金を巻き上げる」という意味がある。

バージョンでしたが、ここでいきなり大きな問題が発生します。「Old Town Road」はラップとカントリーを掛け合わせたそのスタイルから、『Billboard』の総合チャート、R&B／ヒップホップチャート、そしてカントリーチャートの3つのチャートに同時ランクインする快挙を達成するわけですが、ある日突然カントリーチャートから削除されてしまいました。『Billboard』はこの対応について「"Old Town Road"はカントリーの要素を十分に満たしていない」と説明しましたが、これがジャンルを巡る論争を越えて一部では人種問題にまで発展する事態に。当然リル・ナズ・X本人も猛抗議して「これはヒップホップとカントリー、両方のチャートに入ってしかるべき曲なんだ」と主張しました。

そして、そんな状況を受けてリル・ナズ・Xが新たにつくったのが、カントリー歌手のビリー・レイ・サイラスをフィーチャーした「Old Town Road」のニューバージョンです。リル・ナズ・Xとしては「カントリーの要素を十分に満たしていなのであれば、本物のカントリーシンガーを連れてくれば文句はあるまい」ということなのでしょう。この新バージョンの登場が決定打となって、「Old Town Road」は4月に入って総合チャートで1位を獲得。リル・ナズ・Xの思惑通り、見事カントリーチャートにも返り咲きを果たしました。

異例のカミングアウトの意図

以降「Old Town Road」は順調にチャートの連続1位記録を重ねていくことになりますが、ちょうど13週目の1位をマークした直後の6月30日、リル・ナズ・Xは世間をあっと言わせる行動に出ます。彼は6月がLGBTQの権利や文化を考えるプライド月間であることを踏まえて、その最終日に自身がゲイであることをカミングアウトしたのです。

いままさに全米チャートの首位に立っている黒人ラッパーがゲイであることを打ち明けるという、ポップミュージックの歴史でも前代未聞の事件。ただ、このカミングアウトによってリル・ナズ・XがなぜR&B

／ヒップホップチャートのみならずカントリーチャートでも自身の曲が扱われることに強くこだわったのか、その理由が浮かび上がってきました。

ヒップホップとカントリーは、いろいろな音楽のコミュニティのなかでも特にホモフォビア（同性愛嫌悪）の傾向が強いことで知られています。リル・ナズ・Xとしては、ゲイである自分がその両ジャンルを股にかけて成功することに意味を見出していたのではないでしょうか。実際、彼はイギリスBBCのテレビ番組『BBC Breakfast』出演時のインタビューでこんなコメントをしています。

> 「本当はカミングアウトしないで墓場まで持っていくことも考えた。でも、自分のやりたいようにしないで一生を終えるのには抵抗があったんだ。それに、自分がカミングアウトすれば多くの人たちに勇気や希望を与えることになるんじゃないかなって。ヒップホップとカントリーのコミュニティはどちらもゲイに寛容とは言い難いけど、僕の曲はその両方を融合させたものだからね。カミングアウトしたことによる批判もたくさん受けてるよ。でも何年もインターネットをやってきたなかで、自分ももともとはそういうネガティブな人間だったんだ。だから批判に対してはぜんぜん怒っていないし、彼らがとるリアクションについても理解はできる。ただ、それには僕もジョークで応戦するけどね」

こうしたリル・ナズ・Xの言動を踏まえると、最初に紹介した「Old Town Road」の歌詞がまた違った意味を帯びてきます。「馬にまたがって古びた道を突き進む／行けるところまで行くんだ／誰も俺にはなにも言えない／お前は俺になにも言うことができない」――リル・ナズ・Xが、最初からここまでの展開を視野に入れていたかどうかはわかりません。それでも、この歌詞からは旧来的な価値観を覆そうとする彼の意志を汲み取ることができるのではないでしょうか。リル・ナズ・X自身は「Old Town Road」の歌詞について「金がなくて居候していた姉の家を追い出されて、困り果ててトボトボと道を歩いてる様子から思いついた」とコメントしていますが、真相はどうなのでしょう。

ラピノー選手とも共振するメッセージ

　ビリー・レイ・サイラス客演版をはじめとして「Old Town Road」にはいくつかの別バージョンが存在しますが、連続1位記録の更新を狙うタイミングで制作されたのがK-POPグループのBTSのラッパー、RMをフィーチャーしたバージョンです。このRM客演バージョンのタイトルは、「Old Town Road」改め「Seoul Town Road」。つまり「韓国ソウルへの道を突き進め」ということになるわけですが、こうして振り返ってみると「Old Town Road」の最長1位記録への道は、国、人種、セクシャリティ、音楽ジャンルなど、多様性の素晴らしさを説いていくような行程だったといえるでしょう。トランプ政権の移民政策などで多様性が脅かされるなか、この「Old Town Road」のような曲が17週連続1位の新記録を打ち立てたのには非常に大きな価値があると思います。

　このリル・ナズ・Xの快進撃と並行して全米を大いに沸かせていたのが、FIFA女子ワールドカップで史上最多の4度目の優勝を果たしたアメリカ女子サッカーチームのキャプテン、ミーガン・ラピノー選手でした。自ら同性愛者であることを公言している彼女は凱旋パレードのスピーチで「私たちのチームにはピンクの髪やパープルの髪の人もいれば、タトゥーを入れている人、ドレッドヘアの人、白人だったり黒人だったり、そのほかいろいろな人種もいます。ストレートの女の子もいればゲイの女の子だっています」と多様性の尊さを訴えたのち、こんなふうに続けています。

リル・ナズ・X
「Old Town Road (Seoul Town Road Remix) feat. RM of BTS」（2019年）

「私たちはもっとよくすることができる。もっと愛し合って、憎しみ合うことをやめましょう。しゃべってばかりいるのをやめて、もっと人々の声に耳を傾けましょう。これはみんなの責任であると認識しなければなりません。ここにいる人たち、ここにいない人たち、いなくなった人たち、賛同する人たち、反対する人たち。世界をより良い場所にするのは、私たちの責任なのです」

　この不寛容な時代に一筋の光明をもたらしたラピノー選手とリル・ナズ・X。奇しくも同時期に放たれたふたりのメッセージには、まちがいなく共鳴し合うものがあるでしょう。

成功の扉は誰にでも平等に

「Old Town Road」大ヒットの余波として、いまアメリカではにわかにカントリーラップが盛り上がってきています。「Old Town Road」に続くヒット曲としてチャートをにぎわせたのが、アトランタ出身のプロデューサー、ブランコ・ブラウン（Blanco Brown）の「The Git Up」。この曲は全米チャートで最高14位をマークしたほか、なんとカントリーチャートでは「Old Town Road」でも成し得なかった堂々の第1位を獲得しています。「Old Town Road」の影響でカントリーラップが受け入れられやすい状況になっていたとはいえ、黒人ラッパーのカントリーチャート1位はやはり歴史的快挙といっていいでしょう。

　デビューシングルでいきなり大記録を打ち立てたこともあって一発屋で終わるのではないかと危惧する声も上がっていたリル・ナズ・Xですが、その後ニルヴァーナ（Nirvana）「In Bloom」（1991年）を引用した「Panini」（2019年）、そしてカーディ・Bが参加した「Rodeo」（2019年）を連続ヒットさせるなど絶好調。「Old Town Road」を戦略的に盛り上げていったクレバーな彼のこと、今後はアーティストのみならずプロデューサーや新人育成など裏方としての活躍も大いに期待できそうです。

最後に、「Old Town Road」に関するちょっとしたこぼれ話を。ナイン・インチ・ネイルズ「34 Ghosts IV」を引用した「Old Town Road」のトラックを制作したのはオランダ出身、当時19歳だった無名プロデューサーのヤングキオ（YoungKio）。リル・ナズ・Xは、彼がインターネット上で販売していたそのトラックをたった30ドルで購入して「Old Town Road」をつくったそうです。わずか30ドルのトラックが全米チャート最長1位記録を更新する大ヒット曲に化けたのも驚きですが、真に驚嘆すべきはまた別のこと、いまや国や人種や年齢やコネの有無に関係なく、誰にでも平等に成功の扉が開かれている事実なのかもしれません。

なぜルールが変えられないのかわからない
アメリカ銃社会に抗議するメッセージソング

エルパソ／デイトン銃乱射事件

「ジェーン・スー 生活は踊る」（2019年8月10日放送）

毎日のように発生する銃乱射事件

2019年8月3日から4日にかけて、アメリカで24時間のうちに2件の銃乱射事件が発生しました。テキサス州エルパソとオハイオ州デイトン。双方の事件で合わせて29人が犠牲になっています。

2019年に入ってからのアメリカでの銃乱射事件は、すでに250件以上に達しているというデータもあります（註：アメリカ政府は単独のカテゴリーとして「銃乱射」を定義したことがなく、なにをもって「銃乱射」とするかによって集計は大きく変化する）。このデータにのっとるならば、現状アメリカではほぼ毎日のように銃乱射事件が発生しているということになります。

アメリカの銃乱射事件と聞いて我々が真っ先に思い浮かべるのは、1999年のコロンバイン高校銃乱射事件でしょうか。この事件を扱ったマイケル・ムーア監督のドキュメンタリー映画『ボウリング・フォー・コロンバイン』（2002年）はここ日本でも大きな話題になりました。あれから20年の歳月が経過しましたが、残念ながらアメリカの銃規制をめぐ

● **エルパソでの銃乱射事件**
2019年8月3日、エルパソのショッピングセンター街「シエロ・ヴィスタ・モール」にあるウォルマート店舗内で発生した銃乱射事件。22人が死亡し、数十人が負傷した。通報を受けた警察は実行犯のパトリック・クルシウス（当時21歳）を逮捕した。

● **デイトンでの銃乱射事件**
2019年8月4日に起きた銃乱射事件。9人が死亡し、負傷者は少なくとも27人。実行犯のコナー・ベッツ（当時24歳）は現場で警察に射殺された。エルパソでの銃乱射事件の翌日に起きたことでも世間に衝撃を与えた。

る状況は一向に改善されていません。

　こうしたなか、アメリカではここ一年ほどで銃規制を訴える曲が多く見受けられるようになりました。その大きなきっかけになっているのが2018年2月14日、17人が犠牲になったフロリダ州のマー

MARCH FOR OUR LIVES

「March for Our Lives」ロゴ

ジョリー・ストーンマン・ダグラス高校銃乱射事件です。銃規制を題材にした楽曲は、この事件を受けて被害に遭った高校の生徒たちが主催した抗議運動、3月24日に全米800ケ所で行われた「March for Our Lives」（私たちの命のための行進）の開催以降、急増した印象があります。この「March for Our Lives」にはカニエ・ウェスト、アリアナ・グランデ、マイリー・サイラス、そしてポール・マッカートニーといったアーティスト／セレブリティも多数参加。ニューヨークのデモに加わったポールはCNNの取材に対して1980年に射殺された盟友ジョン・レノン（John Lennon）に触れ「ちょうどこのあたりで親友のひとりが銃で撃たれて亡くなった。だからこのデモに参加することは、僕にとってものすごく重要なことなんだ」とコメントしていました。

　ここ最近の銃規制を題材にした楽曲としては、よく知られているところでは2019年の第61回グラミー賞で最優秀レコード賞など4部門を受賞したチャイルディッシュ・ガンビーノの「This Is America」があります。アメリカ社会のさまざまな病理を暴く「This Is America」とそのミュージックビデオには、日常生活のなかにはびこる銃暴力の恐怖が実に生々しく描かれていました。

　ここでは、この一年で発表になった銃規制ソングのなかから特に印象深かったものを3曲紹介したいと思います。

マドンナが歌う銃規制のメッセージ

　まずはマドンナの「God Control」。これは2019年6月14日にリリースされた彼女のアルバム『Madame X』の収録曲です。タイトルの「God Control」は「Gun Control」（銃規制）をもじったものですが、ここでマドンナはリスナーに「目覚めよ」と呼びかけています。歌詞の一部を紹介しましょう。

> *誰もが当たり前の真実を知っている／私たちの国は嘘をついて、そして尊厳を失った／目覚めのとき、私たちはいったいなにができるだろう？／子供たちに支度をさせて、学校に連れていく／誰もが自分にチャンスがないことを知っている／まともな仕事を得ることも、ありふれた普通の生活を送ることも／あいつらが改革を語ると、笑えてくる／あいつらが助けるふりをしていると、笑えてくる／人々が銃を手にする理由がわかった気がする／みんなあきらめてしまう理由がわかった気がする／あいつらは、毎日ある種の勝利を手にしているんだ／罪のない人々の血がいたるところに広がっている／私たちには愛が必要だと言うけれど／それ以上に必要なものがある／私たちは神のコントロールを失ってしまったのだ*

　今回紹介する曲は基本的にすべてそうなのですが、特にこの「God Control」はミュージックビデオを併せて見ることによってより深くマドンナのメッセージが理解できると思います。このビデオのモチーフになっているのは、2016年6月にフロリダ州オーランドにあるゲイのナイトクラブ『Pulse』で起きた銃乱射事件。ビデオの冒頭では「これからあなたが見ようとしているストーリーはとても不穏な内容になっています。ここには銃暴力に関する生々しい描写も含まれていますが、これは毎日のように起こっていること。こんなことはもう止めなければいけません」とのメッセージが映し出されます。

　そしてビデオの最後にはアメリカの政治活動家、アンジェラ・デイヴ

ィスの言葉「I am no longer accepting the things I cannot change. I am changing the things I cannot accept」（変えられない物事を受け入れるのはもうやめた。受け入れられない物事を私は変えていく）に続き、マドンナからのこんな提言が突きつけられます。「毎年3万6000人以上のアメリカ人が銃犯罪によって亡くなり、約10万人が銃で撃たれて負傷している。誰にも安全は保障されていない。いまこそ銃規制を」

マドンナ
『Madame X』（2019年）

「God Control」ミュージックビデオ（マドンナ公式YouTubeチャンネルより）

銃暴力自体が国の文化になってしまった

　続いては18歳のシンガー、セージ（Sage）の「Safe」を。これは2018年10月、「March for Our Lives」とのパートナーシップのもとアメリカの中間選挙に合わせてリリースされたシングル。セージは「Tik Tok」（2009年）や「We R Who We R」（2010年）の全米ナンバーワンヒットを持つ女性シンガー、ケシャの実弟です。

　「Safe」には、そのケシャとナイジェリア系アメリカ人ラッパーのチカ（Chika）がゲストとして参加。これは先ほども触れたフロリダのマージョリー・ストーンマン・ダグラス高校で起きた銃乱射事件を受けてつくられた曲で、セージが高校を卒業した直後に制作されたこともあって非常に説得力のあるメッセージソングになっています。歌詞は「この狂った世界では毎日のように起きていること。なぜルールが変えられないのかわからない。もう黙祷なんてしたくない。若くして死にたくない。学校のホールを歩きながら考える。私は勇敢になりたいわけじゃない。ただ安全でいたいだけなんだ」という内容。もはや学校ですら安全な場所とはいえない銃社会の現状を切々と訴えかけています。

セージ
「Safe」（2018年）

　この曲もミュージックビデオが強烈で、おそらく実在する高校で撮影されたものと思われます。ビデオの冒頭では大きく「The Most VICIOUS CYCLE」（最悪の連鎖）と映し出されますが、ここでは銃乱射事件が多発してたくさん

「Safe」ミュージックビデオ（セージ公式YouTubeチャンネルより）

の命が失われているにもかかわらず、なぜ銃規制の動きが一向に進展しないのか、その背景を学校で使用する文房具やスポーツ用具を駆使したからくり装置、いわゆる「ピタゴラ装置」的な仕掛けで見せていきます。まさに銃乱射事件が起きるまでの「連鎖」を視覚的に表現しているわけですが、さらに同じ映像を3回リピートすることによって「負のサイクル」を強調するという実に周到なつくりになっています。

　マドンナの「God Control」同様、このビデオも最後にメッセージが映し出されます。「11月6日（中間選挙投票日）は私たちの命のために投票を。そうしなければ、この負のサイクルは止められません」。そして、「Safe」に客演しているケシャは『Teen Vogue』誌への寄稿で読者に向けて次のように呼びかけていました。

> 「多くの政治家や専門家、一般的なアメリカ人が銃規制に反対したことにより、学校での銃乱射事件だけでなく、銃暴力自体が国の文化のひとつになってしまったのはとても悲しいことです。団結することにより、私たちの声はさらに強力になっています。私たちの声が大きくなって、決意が揺るぎないものになれば、変化を起こすことができると確信しています。力を合わせて、アメリカの銃法を永遠に変えましょう」

知り合いのコが銃で撃たれて死んでしまったら

　最後はニール・ヤングの「Ohio」を。こちらも2018年の10月、アメリカの中間選挙に合わせてYouTubeで公開されたライブ映像です。

　「Ohio」はニール・ヤングが書いた曲ですが、もともとは1970年にクロスビー・スティルス・ナッシュ＆ヤング（Crosby, Stills, Nash & Young）の曲として発表されました。この曲の題材になっているのは、ニール曰く「アメリカの教育の場において学ばれた最も大きな教訓」という1970年5月4日のケント州立大学銃撃事件。アメリカ軍のカンボジア爆撃に反対する大規模な抗議活動中、オハイオ州兵が非武装の大学生を銃撃して4人が亡くなった有名な事件です。ニールは『LIFE』誌に掲載された事件の報道写真を見て歌詞を書き、急遽レコーディングを敢行。そして、事件から3週間も経たないうちに「Ohio」を発表しました。「Ohio」の録音はわずか数テイクで完成したそうで、メンバーのデヴィッド・クロスビー（David Crosby）は録り終えたあとに声を上げて泣き出したという逸話が残されています。

　つまりニール・ヤングは、こうした背景を持つ「Ohio」を現代の銃規制を訴えるメッセージソングとして2018年に改めて提示したというわけです。歌詞は「ブリキの兵隊とニクソンがやってくる。ついに私たちは追い詰められてしまった。この夏、ドラムの音が聞こえてくる。オハイオで4人も死んだんだ。この現実を受け止めなくてはいけない。兵隊たちは我々を殺そうとしている。もし知り合いの女の子が銃で撃たれて死んでしまったら、君ならどうする？　君はこれを黙っていられるか？」という内容。なんとも皮肉なのは、最初に触れた2019年8月4日の銃乱射事件もまさにオハイオ州で起こっているということです。

　このライブ映像は、先述した「March for Our Lives」の模様をバックにニール・ヤングがギターの弾き語りで「Ohio」を切々と歌うといういたってシンプルな構成。ただし、シンプルだからこそずっしりとへ

ヴィな後味が残るのも確かでしょう。ニールはこの映像の公開に併せて「学校、礼拝所、職場など、街中で人々を守ってくれる常識的な銃規制法が必要だ。投票しよう」というメッセージを発表しています。この問題は、まちがいなく2020年の大統領選の大きな争点になってくるはずです。

「Ohio」ライブ映像
（ニール・ヤング公式YouTubeチャンネルより）

美しさの価値や基準は自分で決める
リゾが提唱するボディポジティブ運動

リゾ「Truth Hurts」

「アフター6ジャンクション」（2019年9月25日放送）

女性ラッパーの最長1位記録を更新

2019年8月31日、リゾ(Lizzo) の「Truth Hurts」がアメリカ『Billboard』シングルチャートの首位に躍り出ました。リゾこと本名メリッサ・ヴィヴィアン・ジェファーソンは1988年生まれ、ミシガン州デトロイトの出身。あのプリンスに才能を見出され、彼のアルバム『Plectrumelectrum』(2014年) に参加したことによって注目を集めたラッパー／シンガーです。

リゾの「Truth Hurts」は現在4週連続で1位を記録していますが、『Billboard』のシングルチャート史上、女性ラッパーの純然たるソロ曲が1位になったのはこれが3度目。ローリン・ヒル「Doo-Wop (That Thing)」(1998年) とカーディ・B「Bodak Yellow」(2017年) に次ぐ快挙で、4週連続で1位は女性ラッパーのソロ曲として史上最長記録になります。

（註：「Truth Hurts」は非連続ながら最終的に7週にわたって1位をマーク。イギー・アゼリア〈Iggy Azalea〉の2014年の作品「Fancy feat. Charli XCX」が保持していた女性ラッパーの最長ナンバーワン記録と並びました）

リゾ
「Truth Hurts」（2017年）

セーラームーンのコスプレでパフォーマンス

　ここ数年、世界的に盛り上がっている「ボディポジティブ」（Body positive）というムーブメントがあります。これは従来の画一的な美の基準から自由になって外見や体型の多様性を受け入れようと訴える、自己肯定感を高める運動のこと。リゾはそんなボディポジティブのアイコンであり、プラスサイズ（大きいサイズ）の女性のアイコンでもあります。彼女は2013年のソロデビュー以来、一貫して女性や黒人、LGBTQの自尊心を押し上げるメッセージソングを歌い続けてきました。

　これは日本のSNSでもバズったことがあるのでご存知の方も多いと思いますが、リゾはライブのときにセーラームーンのコスプレをしてフルートを吹くパフォーマンスで知られています。本人曰く「Black Ass Sailor Moon」。彼女は小学校のころからフルートを習い始めて、大学ではフルート奏者としてクラシック音楽を学んでいたそうです。

　「Black Ass Sailor Moon」の映像からもわかると思いますが、リゾはライブの際、常に自分のボディラインがはっきりとわかるようなレオタード姿で登場。その名もザ・ビッグ・ガールズ（The Big Grrrls）なるプラスサイズの女性だけで構成されたダンサーチームを引き連れてパフォーマンスを行っています。

『2019 MTV Video Music Awards』でパフォーマンスをするリゾとザ・ビッグ・ガールズ。（MTV公式YouTubeチャンネルより）

トレンドの「元気が出る失恋ソング」

　今回全米チャートで1位になった「Truth Hurts」は、失恋した女性に向けたエンパワメントソング。デュア・リパ「New Rules」やアリアナ・グランデ「thank u, next」と同じ、元気が出る失恋ソングといっていいでしょう。そんな「Truth Hurts」の歌詞で耳を奪われるのが、何度も繰り返される「Why're men great 'til they gotta be great?」(男ってなんでも偉そうに振る舞わなきゃいけないほど偉いものなの?)という一節。この印象的なフレーズについて、リゾはこんなコメントを寄せています。

　「男性は地球上で最高の権力を持ってる。彼らは常に偉大であることを約束されているけど、どうもその立場をうまく使えていないと思う」
　──ここからもうかがえると思いますが、「Truth Hurts」は女性に向けて「男なんて大したことないから!」と笑い飛ばす失恋ソングであると同時に、**男らしさの呪縛**に苦しむ世の男性たちを時代の要請によってつくられてきた男性性(マスキュリニティ)から解放する曲でもあるといえるでしょう。

きっかけはラブコメ映画とTikTok

　2019年の夏を代表するヒット曲になった「Truth Hurts」ですが、実はこの曲は新曲ではありません。もともとは2017年に発表された曲で、2019年4月にリリースされたリゾのニューアルバム『Cuz I Love You』にも未収録(註:後日リリースされた『Cuz I Love You』のデラックスエディションにボーナストラックとして追加収録)。つまり、おそらくこのヒットはリゾ本人もまったく予想していなかった突発的なものになるわけです。

● **男らしさの呪縛**
「男らしさ」の基準は文化や時代によって異なるが、西洋社会において伝統的に挙げられる特性には、強さ、勇気、リーダーシップ、自信に満ちた態度などがある。「男は強くなければならない。強ければ乱暴でも許容される」という価値観のことをトキシックマスキュリニティ(有害な男らしさ)と呼ぶ。

2年前にリリースされた「Truth Hurts」がなぜここにきて全米1位の大ヒットになったのか、それにはふたつの理由があります。まずひとつは、2019年4月にNetflixで公開された映画『サムワン・グレート〜輝く人に〜』の挿入歌として「Truth Hurts」が非常に効果的に使われたこと。この『サムワン・グレート』はニューヨークを舞台にアラサー女子3人の友情を描いたラブコメディですが、彼女たちが「Truth Hurts」を合唱することで失恋の憂さを晴らすとても素敵なシーンがあります。これによって「Truth Hurts」は失恋の痛みを自己愛や自尊心へと転換するアンセムとして女性を中心に熱烈な支持を集めることになりました。

リゾ
『Cuz I Love You』（2019年）

『サムワン・グレート 〜輝く人に〜』（2019年）。ジェニファー・ケイティン・ロビンソン監督。音楽ジャーナリストのジェニー（ジーナ・ロドリゲス）と、彼女の親友（ブリタニー・スノウ、デワンダ・ワイズ）の友情を描く。

もうひとつは、この「Truth Hurts」もリル・ナズ・Xの「Old Town Road」と同じように動画共有アプリのTikTokで**インターネットミーム**化して人気を集めていった背景があります。「Old Town Road」は「#YeeHawChallenge」なるハッシュタグチャレンジのBGMに使われることでヒットしましたが、「Truth Hurts」が使用されたのは題して「#DNATestChallenge」。これは「Truth Hurts」の「I just took a DNA test, turns out I'm 100% that bitch」（私、DNAテストを受けたら100%ビッチだってわかった）という歌詞に基づくもので、やり方としてはまずこのフレーズに合わせて綿棒を口腔内の頬の部分に擦り付けてDNAのサンプルを採取する真似をします。そのうえで「DNAテストをしてみたところ実は私〇〇〇であることが判明しました！」と1発ギャグを言って「#DNATestChallenge」と共に動画を投稿。このハッシュタグチャレンジが大流行しました。

ヒラリー・クリントンのDNAテスト

そして「Truth Hurts」が大ヒット中の2019年8月、「#DNATestChallenge」で引用された曲の一節をめぐって興味深い出来事がありました。リゾが自身のTwitterで2020年のアメリカ大統領選に向けた民主党候補の討論会の動画を投稿した際、なんとそれにヒラリー・クリントンが反応。リゾへのリプライとして例の「Truth Hurts」のフレーズ「I just took a DNA test, turns out...」を投稿しました。

●**インターネットミーム**
インターネットを通して拡散される画像や動画、文章などのこと。インパクトが強いもの、笑えるものが人気で、いわゆる「ネタ画像（動画）」「〇〇コピペ」などがこれにあたる。

● **100%ビッチ**
ここでの「ビッチ」には「自立した強い女性」というポジティブなニュアンスがある。一般的に「ビッチ」は女性に対する侮蔑語だが、英語圏ではそれを逆手にとって女性がビッチを自称したり、仲の良い女性の友人同士で「ビッチ」と呼び合うこともある。

　このヒラリー・クリントンの投稿の背景を説明しましょう。2016年10月のアメリカ大統領選でドナルド・トランプとヒラリーが最終のテレビ討論会を行ったとき、富裕層の増税について発言したヒラリーに対してトランプが「Such a nasty woman」（なんて嫌な女だ）と捨て台詞を吐いて大問題になりました。日本でもそこそこ大きく報じられたので、覚えている方も多いと思います。

　おそらくヒラリーは、リゾの討論会の投稿を見て自分が受けたトランプの女性蔑視発言を思い出したのでしょう。そこにリゾの「Truth Hurts」の一節を紐づけて、シニカルなジョークとして「きっと私がDNAテストを受けたら100％嫌な女（ビッチ）ってことになるんだろうね」とツイートしたのだと思われます。

　すると、今度はヒラリーの投稿に対してフェミニストとして知られる女優のパトリシア・アークエットが反応しました。ヒラリーは立場上軽蔑的な言葉を使うことを控えたのでしょうか、彼女のツイートは「I just took a DNA test, turns out...」で終わっていて続く「I'm 100% that bitch」とまでは書いていなかったのですが、パトリシアはヒラリーへのリプライとして「...」に続く歌詞を付け加えたのです。彼女のツイートに書かれた言葉は「You were a woman」（あなたはnasty womanでもbitchでもない、ひとりの女性よ）。さらにパトリシアは「In a country full of misogynists」（ミソジニストであふれているこの国で）と投稿していましたが、こうしたやり取りが女性たちのアンセム「Truth Hurts」のステイタスを強固にしていったのはまちがいないでしょう。

● ミソジニスト
女性を蔑視、憎悪する人々のこと。女性に対する憎悪は「ミソジニー」と呼ばれる。ミソジニーによって女性は「女性である」という理由で社会から排除されたり、差別を受けたり、敵意を向けられたり、暴力や性的搾取の対象にされたりする。男性中心主義、家父長制、男性特権など、ミソジニーは洋の東西を問わず、社会のあらゆる場面でみられる。

女の子はなにでできているの?

　この「Truth Hurts」のほかにもリゾは女性を鼓舞する素晴らしいエンパワメントソングをたくさんリリースしています。最新アルバム『Cuz I Love You』の収録曲で特に人気が高いのが第一弾シングルに選ばれた「Juice」。この曲は「鏡よ鏡よ鏡さん、待ってなにも言わないで。自分がキュートなのはよくわかってるから」という『白雪姫』のパロディで始まりますが、つまりリゾは「美しさの価値や基準は他人にとやかく言われることではなく、あくまで自分で決めること」と主張しているわけです。

　個人的にお気に入りなのは「Like a Girl」。タイトルは「女性らしく」という意味になりますが、この曲では一般的に女性らしくないとされていることをラップしていく、ウーマンパワーを逆説的に賛美する内容になっています。歌詞を解説していきましょう。

> 今朝は気分良く起きられたから大統領選にでも出馬しようかって勢い／女性大統領の前例がなくたって知ったこっちゃない／スローガンなんて変えちゃえばいい／ちょっとエストロゲンを増やしてあげる／エックスのなかで気になるのは染色体のXだけ／あんたなんていらない

　まず「ちょっとエストロゲンを増やしてあげる」の一節。エストロゲンは女性ホルモンのことですから、これは「女性のパワーを世に見せつけてやる」ということ。続く「エックスのなかで気になるのは染色体のXだけ。あんたなんていらない」の一節もわかりにくいかもしれませんが、この「エックス」は元カレ（Ex-boyfriend）と女性の染色体（XX）のダブルミーニング。要は「私は自分の人生にフォーカスしていて、別れた恋人のことなんてどうでもいい」と歌っています。次はこの部分。

> シュガーやスパイスみたいに私はナイス／あなたがなにでできてるか見せてみて？／私はクレイジーとセクシーとクール／メイクしてるかしてないかなんて関係ない

　ここはイギリスやアメリカで古くから歌い継がれている有名なマザーグース（童謡）「What Are Little Boys Made Of ？」（男の子はなにでできているの？）のパロディ。この曲中に「What are little girls made of? Sugar and spice. And everything nice」（女の子はなにでできているの？　砂糖とスパイス。それと素敵なものすべて）なるよく知られた一節があるのですが、これは「女の子は朗らかで優しくあるべき」という**伝統的な女性らしさ**を言い表したフレーズです。

　リゾはこうした古くから世間に押しつけられている「女性らしさ」に意義を唱えて「私を構成している3つの要素は"砂糖とスパイスと素敵なものすべて"じゃない。"クレイジーとセクシーとクール"だ」と言い放っているのですが、これは1990年代に一世を風靡した女性R&Bグループ、TLCの名盤『CrazySexyCool』（1994年）のタイトルを引用したもの。つまり彼女はボディポジティブの先駆けといえる「Unpretty」（1992年）など数々のエンパワメントソングを残した先達のTLCにリスペクトを捧げつつ、ステレオタイプな女性像を打破しようとしているわけです。リゾは結論として、こんなメッセージを投げかけて世の女性たちにエールを送っています。

> もし自分がガールだって思うなら／本当にそう思っているのなら／好きなようにやっちゃえばいいの／世界を支配してやろうよ

● 伝統的な女性らしさ
「女性らしさ」の定義は「男らしさ」と同様に文化や時代によって異なるが、優しさ、謙虚さ、共感性・感受性の豊かさなどが一般的なステレオタイプとして挙げられる。日本で「女子力」と言われるレッテルもこのステレオタイプの一種で、本書で登場する英語の「ウーマンパワー」とは意味が大きく異なる。

TLC
『CrazySexyCool』（1994年）

大統領選でも重宝されるリゾのメッセージ

『アイ・フィール・プリティ！
人生最高のハプニング』（2018年）
マーク・シルヴァースタイン、アビ
ー・コーン監督。容姿に自信がな
く、卑屈な性格の女性レミー（エイ
ミー・シューマー）の身に、とある
アクシデントが起こったことで彼女
の人生が大きく変化していく。

　ここのところのリゾの人気ぶりはす
さまじく、最近では先述した『サムワ
ン・グレート』のようにフェミニズム
やボディポジティブを題材にした映画
で彼女の楽曲が頻繁に使われるように
なってきました。たとえば、身長187
センチの女子高生が身体的コンプレッ
クスを克服するまでの過程を描いた
Netflix公開の青春映画『トールガー
ル』（2019年）ではリゾが客演している
ビッグ・フリーディア（Big Freedia）の
「Karaoke」（2018年）をフィーチャー。
また、自分の容姿に自信を持てないプ
ラスサイズの女性が主人公のラブコメ
ディ『アイ・フィール・プリティ！
人生最高のハプニング』（2018年）では
リゾの「Good as Hell」（2016年）が効
果的に使用されています。

　こうしたなか、2020年のアメリカ大統領選に向けてリゾの曲が立候
補者のキャンペーンソングとして重宝されています。というのも、彼女
の楽曲はポジティブで自尊心を高める歌詞のものが多く、聴衆を鼓舞し
て活気づけるのにはもってこいなのだとか。さらに、リゾが人種やジェ
ンダーを超えた人気を獲得していることから幅広い層にアピールできる
とのこと。このような状況を踏まえると、2020年の第62回グラミー賞
の本命はこのリゾになりそうな気がしてきます。特にここ数年のグラミ
ー賞はフェミニズムやダイバーシティを重視してきた経緯があり、リゾ
との相性は抜群といっていいでしょう（註：リゾは第62回グラミー賞で主要4部門を
含む最多の8部門にノミネート。主要部門での受賞はビリー・アイリッシュに譲りましたが、最優秀

アーバンコンテンポラリーアルバム賞など計3部門で受賞しています）。

　ここ日本でも9月11日に土岐麻子が新曲「美しい顔」をリリース。これは新しい時代の美の価値観について歌った彼女流のボディポジティブソングといえる内容で、今回紹介してきたようなリゾの楽曲とも共鳴するメッセージが打ち出されています。きっとこれからは、日本でもこうした自尊心や自己愛を高めるエンパワメントソングが増えてくるはず。女性アイドルの楽曲や『プリキュア』シリーズのような女の子向けアニメのテーマ曲として、実は扱いやすい題材なのではないでしょうか。

ビリー・アイリッシュの主要4部門制覇とレコーディング・アカデミーの内紛勃発

2020年／第62回グラミー賞授賞式

「アフター6ジャンクション」(2020年1月27日放送)

39年ぶり史上二度目の快挙

2020年1月27日、ロサンゼルスのステイプルズ・センターで開催された第62回グラミー賞授賞式。ホストは2018年の第61回と同じくR&Bシンガーのアリシア・キーズが務めました。

今回全84部門のカテゴリーが設けられたなか、最多ノミネートはボディポジティブムーブメントのシンボルであるラッパー／シンガーのリゾの8部門。それに続くのが昨年17歳で大ブレイクした時代の寵児ビリー・アイリッシュ (Billie Eilish)、そして「Old Town Road」で19週連続全米シングルチャート1位の大記録を樹立したラッパーのリル・ナズ・Xの6部門でした。

注目の結果は、ビリー・アイリッシュが主要4部門を制覇(最優秀レコード賞、最優秀アルバム賞、最優秀楽曲賞、最優秀新人賞)。主要4部門の独占は1981年の第23回グラミー賞でクリストファー・クロスが達成して以来、39年ぶり史上二度目。女性アーティストとしては初の快挙になりました。

ビリー・アイリッシュは、そのほかにも最優秀ポップボーカルアルバム賞も受賞。さらにビリーの全作品のプロデュースを手掛けている兄のフィネアス・オコネル (Finneas O'Connell) が最優秀プロデューサー賞に輝いていること、またアルバムが最優秀エンジニア賞を受賞していることも考えると、実質7部門の受賞といえるでしょう。

　今回のグラミー賞はビリー・アイリッシュとリゾ、ふたりのアーティストが主要4部門すべてにノミネートされるという前代未聞の展開となりましたが、いざ蓋を開けてみるとビリーが圧勝。リゾは最優秀ポップソロパフォーマンス賞など3部門受賞にとどまりました。また、ビリーと同じ6部門にノミネートされていたリル・ナズ・Xは最優秀ポップデュオ／グループパフォーマンス賞など2部門で受賞。これはよく言われることですが、グラミー賞の主要部門は誰かひとりが独占する傾向にあるようです。

ベッドルームで曲をつくっているキッズたちへ

　そのビリー・アイリッシュの兄、フィネアス・オコネルによるスピーチは、今回のセレモニーのハイライトのひとつといっていいでしょう。彼はビリーの「bad guy」が最優秀楽曲賞を受賞した際、登壇してこんな話をしました。「僕たちはいまも変わらずベッドルームで曲をつくり続けています。この賞は、いまベッドルームで曲をつくっている世界中のキッズたちに捧げます。いつか皆さんの夢が叶う日がきますように」

　こうしてフィネアスは若い宅録ミュージシャンたちへエールを贈ったのですが、これはすごく含蓄のある発言だと思っています。ビリー・アイリッシュ成功の要因は、突き詰めると彼らがDIY精神を貫き通したところにあるのではないでしょうか。レコード会社の介入を許さず、サウンドだけでなくビジュア

ビリー・アイリッシュ
『When We All Fall Asleep,
Where Do We Go?』（2019年）

217

ルやグッズ、SNSの管理なども含めたすべてのクリエイティブコントロールを自分たちで掌握していたからこそ、あの隙のない世界を構築することができたのだと思います。

　フィネアスのスピーチが示唆しているのは、そういうことではないかと考えます。もういまの時代、誰の指図を受けなくても十分に道は開ける。ビリー・アイリッシュの成功、特に彼女が基本的に兄フィネアスとふたりだけでこの成果を挙げたことは、きっと若い宅録ミュージシャンに大きな勇気を与えることになるはずです。これは今後のミュージシャンとレコード会社の関係にも少なからず影響を及ぼすことになるでしょう。

あのころの思い出にさよならを告げるなんて

　今回のグラミー賞授賞式の当日朝にはNBAのスーパースター、コービー・ブライアントの訃報が飛び込んできました。グラミー賞授賞式の会場は、彼が所属していたロサンゼルス・レイカーズの本拠地であるステイプルズ・センター。そんなこともあり、セレモニーではところどころでアーティストからコービーへの追悼メッセージが捧げられました。

　会場にはコービーのジャージが掲げられたほか、オープニングパフォーマンスに起用されたリゾは「Tonight is for Kobe!」とシャウトしてから演奏をスタート。リル・ナズ・Xもコービーのジャージを傍らに置いてパフォーマンスしていました。

　そんななかでも特にエモーショナルだったのが、ホストのアリシア・キーズがセレモニー開幕の挨拶のあと、コービーの追悼としてR&Bグループのボーイズ・II・メンを呼び込んで彼らの代表的なヒット曲「It's So Hard to Say Goodbye to Yesterday」をアカペラで披露した場面です。その素晴らしいパフォーマンスには目を潤ませていたアーティストも多数見受けられました。

共に過ごした日々に、どうやってさよならを言えばいいのだろう／お互いに笑い合っていた大切な時間／このままずっと一緒にいられると思っていたのに／あのころの思い出にさよならを告げるなんて、あまりにもつらすぎる

「It's So Hard To Say Goodbye To Yesterday」収録
ボーイズ・Ⅱ・メン
『Cooleyhighharmony』（1991年）

授賞式直前、新会長休職処分の衝撃

　コービー・ブライアントの追悼で始まってビリー・アイリッシュの4部門制覇で幕を閉じた授賞式ですが、実は今回のグラミー賞は大きな問題を抱えていました。まだ解決には至っていないので「抱えている」といったほうが的確でしょうか。端的にいうとグラミー賞を主宰するレコーディングアカデミーに内紛が起きたのですが、どうやらこれが音楽業界を大きく揺るがす事態に発展することになりそうです。

　なにが起きたのかというと、数々の問題発言によって辞任した前会長のニール・ポートナウ氏に代わって昨年8月に会長に就任したレコーディングアカデミー初の女性会長、デボラ・デューガン氏が1月16日に「不適切な行為があった」として休職処分になったのです。急遽代役として評議委員会議長のハーヴェイ・メイソン・ジュニアが暫定で会長を務めていますが、授賞式の開催10日前というタイミングでのこの事態には大きなショックを受けました。

休職処分発表直前の1月11日、デボラ氏のTwitterの現時点での最後の投稿を見てみると、彼女がグラミー賞授賞式への意気込みをスタッフと撮影した写真と共にアップしています。まずその集合写真からは、女性スタッフが多いことが一目でわかるでしょう。同様に人種も多様で、なかにはLGBTQのシンボルであるレインボーカラーのシャツを着ている方も確認できます。自分はこのデボラ氏の投稿を見て、旧態依然としたグラミー賞の体質もいよいよ変わっていくのだろうと確信していたのですが、そんな矢先でのこの休職処分のニュースだったわけです。

　そのデボラ氏の休職処分を受けて、翌日1月17日、今度はデボラ氏自身が弁護士を通じて「レコーディングアカデミー内でステップアップしようとするとどういうことになるかを暴露する」と声明を発表しました。要はデボラさんは会長に就任してからグラミーとレコーディングアカデミーの組織改革、主に男女や人種の不均衡の是正への取り組みに動いていたようなのですが、それをよく思わなかったアカデミー側から報復を受けたと主張したのです。このデボラ氏の声明は前任のニール・ポートナウ氏の辞任の引き金になった発言、「女性アーティストはもっとステップアップする必要がある」という言い回しを引用しての反論だったため、彼女が旧体制と激しく対立していることがうかがえました。

告発状の驚くべき内容

　そして、デボラ氏は1月21日にアメリカ雇用機会均等委員会に告発状を提出。これがまた驚くべき内容でした。要約すると、前会長のニール・ポートナウ氏をはじめ団体の幹部や弁護士が行ったとされる性的暴行や差別、嫌がらせ、財政上の不正や利益相反などの不祥事が記されていました。なかでも衝撃だったのが、アカデミー会員のある女性アーティストがニューヨークのカーネギー・ホールで開催されたグラミー賞関連のイベント出演後に前代表のニール氏にレイプされたと告発していることです。

　それから、デボラ氏はグラミー賞の選考プロセスにも不正行為がまか

り通っていると訴えています。曰く、選考委員が自分と関わりのあるアーティストを思うがままにプッシュできる環境が常態化しているとのこと。たとえば、選考委員と関係があるアーティストが最初に提出されるノミネート候補20人のリストの最下位にいたにもかかわらず、最終的にノミネートされるような事態が頻繁に起きているというのです。

さらに、授賞式のプロデューサーがある曲のパフォーマンスを実現したいと要望を出すと、その楽曲やアルバムが賞にノミネートされるように選考プロセスが操作されることもあるのだとか。こうしたデボラ氏の告発に対して、ニール氏はレイプ疑惑を否定。アカデミー側も投票の不正を完全否定しているほか、女性役員たちも同様にアカデミーが女性差別的な組織であることを否定しています。

グラミー賞の歴史は多様性を欠いている

この件に関してはまだ真相がはっきりしていないこともあってほとんどのアーティストが事態を静観している印象ですが、そんななかでヒップホップグループ、パブリック・エネミーのチャック・Dがデボラ氏を擁護しつつレコーディングアカデミーを批判する声明を発表しています。

> 「結局いつもと同じことだ。無知でテストステロン（男性ホルモン）が燃料代わりの多くの年寄りの白人たちが進歩を阻止して台無しにしてくれる。お約束のデタラメだよ。あいつらは現状を維持しておきたいだけ。奴らにしてみれば、ヒップホップなんてものは子供だましのイメージキャラクター程度にとどめておきたいだけなんだ」

このチャック・Dが率いるパブリック・エネミーは、1989年の第31回グラミー賞をボイコットした経緯があります。理由は、グラミー側が「ヒップホップという新しいかたちの芸術を認めようとしなかった」から。それ以降、チャック・Dはレコーディングアカデミーの姿勢に抗議して長らく確執が続いていました。

こうした状況を受けて、グラミー賞の前夜祭ではヒップホッププロデューサーのディディ（Diddy）ことショーン・コムズ（Sean Combs）がこの問題についてコメントしました。ディディはレコーディングアカデミーから音楽業界の功績を讃える功労賞を受賞した際のスピーチで「グラミー賞の歴史は多様性を欠いているし、ヒップホップやブラックアーティストに対するリスペクトを欠いている」と発言しています。

ロックとヒップホップのジャンルを超えた共演

　チャック・Dとディディがそろってグラミー賞のヒップホップに対する冷遇ぶりを指摘していたことを受けて、ここからは今回のグラミー賞授賞式におけるヒップホップアーティストの動向を振り返ってみたいと思います。

　グラミー賞には1991年に設けられた「MusiCares Person of the Year」という賞があります。これはミュージシャンの音楽業界における功績と慈善活動に対する献身性を讃える、キャリアの長いベテランアーティストを対象とした賞なのですが、今年はハードロックバンドのエアロスミスが受賞しました。彼らはその受賞パフォーマンスで「Livin' On The Edge」を披露したのち、ヒップホップレジェンドのRun D.M.C.を招き入れて1986年にエアロスミスの代表曲をヒップホップアレンジでリメイクして大ヒットした「Walk This Way」をパフォーム。大いに会場を沸かせました。

Run D.M.C.
「Walk This Way」（1986年）

この「Walk This Way」の当時のミュージックビデオはエアロスミスと Run D.M.C. が隣り合わせの別の部屋でレコーディングをしているという設定。最終的には両者を隔てている壁を破壊してコラボするというストーリーになっているのですが、今回の「Walk This Way」のパフォーマンスではそれが見事にステージ上で再現されていました。Run D.M.C. が登場時にぶっ壊した壁はまさにロックとヒップホップのジャンルをまたいだ共演のメタファーだったわけですが、授賞式ではこうしたヒップホップのクロスオーバー（ジャンルの越境）に対する音楽業界のスタンスについて考えさせられる場面がいくつか見られました。

なぜ俺たちはポップになれないんだ？

まずは最優秀ラップアルバム賞を受賞したヒップホップアーティストのタイラー・ザ・クリエイター (Tyler, The Creator)。彼の受賞作『Igor』は、「GONE, GONE / THANK YOU」という曲で山下達郎の「Fragile」（1998年）をサンプリングしたことでも話題になりましたが、そこからもうかがえるようになにかジャンルを特定するのが困難なほどにいろいろな音楽の要素が詰め込まれた内容になっています。もちろん、ヒップホップというアイデアのもとに成り立った作品であることはまちがいありませんが、ラップアルバム賞を受賞しているにもかかわらず一般的ないわゆるラップアルバムとは大きく趣が異なるのです。授賞式後、インタビューを受けたタイラーはその件についてこんな問題提起をしていました。

「ちょっと複雑な気分だよ。自分がつくったものがグラミー賞のような場で評価されたこと自体にはとても感謝している。でも、俺のようなアーティストがジャンルを超えるような音楽をつくっても決まってラップかアーバンのカテゴリーに入れられるんだ。俺はそのアーバンという言葉が好きじゃない。俺にしてみれば、アーバンはNワードのポリティカリーコレクトな言い方だ。なぜ俺たちはポップになれないんだ？」

タイラーは遠回しにではありますが、現在グラミー賞が規定しているカテゴリーはレイシズムであると指摘したわけです。ヒップホップアーティストのグラミー賞に対する不信感がわかりやすく表面化したタイラーの受賞インタビューでした。

タイラー・ザ・クリエイター
『Igor』（2019年）

ヒップホップの底なしのバイタリティ

　このタイラー・ザ・クリエイターが最優秀ラップアルバム賞を受賞している一方、ヒップホップとカントリーを融合させて全米チャート19週連続1位の大記録を打ち立てたリル・ナズ・Xの「Old Town Road」は最優秀ポップデュオ／グループパフォーマンス賞を受賞しています。タイラー・ザ・クリエイターが指摘していた通り、確かにこのあたりの線引きは非常に不可解です。

　ジャンルの線引きということでは、リル・ナズ・Xの「Old Town Road」はヒップホップとカントリー両方のマーケットにアピールすることを狙ってつくられたにもかかわらず、『Billboard』のカントリーチ

● 音楽ジャンルとしての「アーバン」
「アーバン」は都会的なイメージのある音楽を指す言葉として、70年代半ばに使われ始めたが、次第に黒人ミュージシャンの作品を一括りにまとめたジャンル名として使われるようになった。現在はこれを人種差別的な言葉として考える人が多く、2020年6月には「リパブリック・レコード」（アリアナ・グランデやテイラー・スウィフトらが所属するレーベル）が音楽ジャンルとして「アーバン」という言葉を使用しないことを宣言している。

ャートから削除された経緯があります。それによってビリー・レイ・サイラスをフィーチャーしたカントリー色をより前面に打ち出したバージョンが誕生したわけですが、この一件でリル・ナズ・Xが主張していたことと今回のタイラーの訴えは完全に重なり合うものでしょう。

　そんなリル・ナズ・Xによる「Old Town Road」のパフォーマンスは、今回のグラミー賞の白眉といえる実に素晴らしいものでした。以前に「Old Town Road」の解説をした際、この曲の19週連続1位の過程は国や人種、セクシャリティや音楽ジャンルを飛び越えた多様性の大切さを訴えるような道程だったと話しましたが、なんとリル・ナズ・Xは大胆にもそれをステージ上でやってのけたのです。「Old Town Road」のリミックスバージョンでコラボした数々の多彩なアーティスト、ビリー・レイ・サイラスからK-POPグループのBTSまでもが入り乱れたパフォーマンスはただただ壮観。最後に「Rodeo」を披露したときにはベテランラッパーのナズがサプライズで登場して「Nas × Nas」コラボ実現のおまけまでつくサービスぶりでした。

　タイラーのコメントもあってクロスオーバーしたヒップホップ／黒人アーティストに対するグラミーの対応についてはいろいろと思うところはありましたが、そのタイラーやRun D.M.C.、リル・ナズ・Xらの堂々たるパフォーマンスに改めてヒップホップの底なしのバイタリティを痛感したセレモニーでもありました。

リル・ナズ・Xが表紙を飾った
『Billboard』誌2019年9月21日号

あきらめないでやり続けること

　今回のグラミー賞授賞式のヒップホップ面で評価したい点としては、ほかにもニプシー・ハッスル（Nipsey Hussle）のトリビュートコーナーがあります。彼はロサンゼルス出身のラッパーで、2019年3月に自らが経営する地元のアパレルショップの前で射殺されてしまいました。まだ33歳でした。

　ニプシーはヒップホップシーンでは高くリスペクトされていましたが、広くポップミュージックシーンで大きな成功を収めたわけではありません。こうしたステイタスのヒップホップアーティストにグラミーがスポットを当てるのは異例といっていいでしょう。これが彼が行ってきた地元ロサンゼルスに対する慈善活動や地域への貢献が評価されたところもあると思います。

　そのニプシーは、自身の生前最後のシングル「Racks in the Middle」（2019年）で最優秀ラップパフォーマンス賞、そして客演したDJキャレド（DJ Khaled）「Higher」（2019年）で最優秀ラップ／サングパフォーマンス賞と、計2部門を受賞。ステージでは「Higher」がパフォーマンスされましたが、ジョン・レジェンドに加えてカーク・フランクリン（Kirk Franklin）もフィーチャーするなど、グラミー賞のステージが教会と化したゴスペル仕様のパフォーマンスは壮絶なものがありました。また、このステージにはコンプトン出身の人気ラッパーYGも登場。彼は2016年のアメリカ大統領選の際、ニプシーとのコンビでドナルド・トランプを強烈に批判したプロテストソング「FDT (Fuck Donald Trump)」をリリースしたことで知られています。

　ニプシーは生前から「あきらめないでやり続けること」を意味する「Marathon」を自身のスローガンとし、自分で立ち上げたアパレルブランドにも「The Marathon Clothing」と名づけていましたが、この「Higher」はまさにアフリカからやってきた先祖の話から始まるニプシ

ーのライフストーリーをラ
ップした壮大な曲。大団円
にはステージの巨大なバッ
クドロップにニプシーとこ
のたびに亡くなったコービ
ー・ブライアントの写真が
掲げられ、ニプシーのトリ
ビュートは期せずしてロサ
ンゼルスの偉大なヒーロー
ふたりを追悼するパフォー
マンスとなりました。

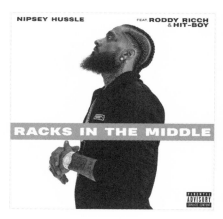

ニプシー・ハッスル
「Racks In The Middle feat.
Roddy Ricch & Hit-Boy」(2019年)

ビリー・アイリッシュと兄フィネアス
スピーチに秘められた5つのストーリー

グラミー賞授賞式のビリー・アイリッシュ

　2020年1月27日に開催された第62回グラミー賞授賞式にて主要4部門を制覇、大きな注目を集めたビリー・アイリッシュとその兄フィネアス。ここではふたりの受賞スピーチから特に印象深い5つの言葉をピックアップ。各発言のバックグランドやその裏に隠された数々のストーリーを紐解いてみました。

芸能一家ではあるが、セレブではなかった

> 「私にとってこれは初めてのグラミー賞です。こんなことが私の人生の中で起きるなんて想像してませんでした」(ビリー)
> ──最優秀楽曲賞受賞スピーチより

　すでによく知られているように、ビリー・アイリッシュはロサンゼルスの芸能一家で生まれ育っています。家族構成は、端役ながらも映画『アイアンマン』(2008年) などに出演したことがある俳優の父パトリック・オコネル。俳優／声優／脚本家／シンガーソングライターなど、多彩な才能を発揮する母マギー・ベアード。そして、俳優でありミュージシャンでもある兄フィネアス・オコネル。そんなバックグラウンドが関係しているのか、ビリーは2010年、9歳のときに『グレッグのダメ日記』『ラモーナのおきて』『X-MEN』シリーズといった映画のアフレコ (声だけの出演) を務めています。

　こうして羅列していくと豪勢なハリウッドライフを謳歌するセレブファミリーを連想するかもしれませんが、昨年12月放送のビリー出演回の

『Carpool Karaoke』（米CBS『The Late Late Show with James Corden』の人気コーナー）でも紹介されたように、彼女の実家は1200平方フィート（約34坪）の土地に建ったごく普通のバンガローだったりします。ふたつある寝室はフィネアスとビリーに提供され、両親はリビングルームに布団を敷いて寝ているそうですが、そんなオコネル家の暮らしはどのようなものだったのか、ビリーのこんな発言からその一端がうかがえると思います。

> 「パパとママはいわゆる映画スターという感じではなかった。もっとまともな仕事をしてほしいって思っていたぐらい。言ってみれば、労働者みたいな俳優だった」

グラミー賞を手中にしたビリーの戸惑いは、（ハンソン〈Hanson〉「MMMBop」〈1997年〉のヒットに感化された両親から音楽の英才教育を受けていたとはいえ）こんな出自のまだ18歳の自分にこんな奇跡が降りかかってこようとは、という率直なリアクションにすぎないのでしょう。しかしその一方、このスピーチの言外には兄フィネアスとのタッグでDIY精神を貫き通したことへの自負のようなもの、「やりたいようにやってきたら勝手に結果がついてきただけなんだよ」という含みも感じられます。以前ビリーは『The New York Times』のインタビューにおいて、自身の活動スタンスについて次のようにコメントしています。

> 「楽にやろうと思えばいくらでもできる。誰かに曲を書いてもらって、誰かにプロデュースしてもらって、私はそれに従うだけ。私がそう望んだほうがずっとシンプルにことが運ぶと思う。でも私はそういうタイプの人間じゃないし、そういうタイプのアーティストでもない。そんなふうになるのなら死んだほうがマシだと思ってる」

まだ見ぬベッドルームの天才たち

> 「僕たちはいまも変わらずベッドルームで曲をつくり続けています。この賞は、いまベッドルームで曲をつくっている世界中のキッズたちに捧げます。いつか皆さんの夢が叶う日がきますように」（フィネアス）
> ——最優秀楽曲賞受賞スピーチより

　以下は2012年開催の第54回グラミー賞授賞式当日の朝、計5部門のノミネートを受けてセレモニーに臨むスクリレックス（Skrillex）のTwitterへの投稿です。

> 「もし今日僕が受賞するようなことになったら、それはまだ見ぬベッドルームの天才たちが世界を制圧する日がすぐそこまでやってきていることを意味している」

　結果、スクリレックスは最優秀ダンス／エレクトロニカアルバム賞など計3部門を受賞。そして予言通り、それから8年後のグラミー賞では自宅のベッドルームから曲を発信し続けたビリーとフィネアスのオコネル兄妹が世界の頂点に立つことになったわけです。ちょっとできすぎた話ですが、ビリーが初めて自分で曲を書いたのは彼女が11歳のとき。まさにスクリレックスが最初にグラミー賞を受賞した2012年のことでした。

　そんなスクリレックスの予言ツイートに呼応するようなフィネアスのスピーチは、若い宅録ミュージシャンたちを鼓舞するエールとして今回授賞式の壇上から発せられた言葉のなかでも特にセンセーショナルに響いた印象がありますが、おそらくこれには先述の『Carpool Karaoke』が少なからぬ影響を及ぼしているのではないでしょうか。この番組中ではビリーのすべての作品を生み出してきたフィネアスの制作環境も公開されているのですが、それは拍子抜けしてしまうほどにありふれた、アメリカのごく一般的な家庭のベッドルームでした。

> 「このアルバムは私たちが育った実家のベッドルームでつくったんだ。
> だから、本当になんだって可能だってことなんだよ」
> ──第62回グラミー賞授賞式後の記者会見でのビリーの発言より

　芸能一家に育ったオコネル兄妹には、もしかしたらそれ相応のアドバンテージがあったのかもしれません。しかし彼らの成功にいかなる背景が存在していたにせよ、あのベッドルームの絵面にフィネアスのスピーチが結びついたインパクトは、まちがいなく今後の音楽シーンに計り知れない影響を及ぼすことになるでしょう。この地球上に点在している「まだ見ぬベッドルームの天才たち」は、そこが世界に直結している現実を改めて強く意識したのではないでしょうか。

ファンガール、ビリー

> 「ファンがこれらの賞を受賞するべきだと思う。このグラミー賞でファンのことについて語ることってなかなかないと思うんだけど、ここにいるどんな人もファンのおかげでここにいるんだから。だからファンのみんな、ありがとう」（ビリー）
> ──最優秀新人賞受賞スピーチより

　最優秀楽曲賞の受賞スピーチで率直に驚きと戸惑いを表現したビリーですが、そんな彼女が続く最優秀新人賞の受賞後、登壇して真っ先に述べたのは自分をサポートし続けてきたファンに対する謝辞でした。

　ビリー自身が言及している通り、確かにグラミー賞のスピーチで受賞者がファンについて語るケースはめずらしいことかもしれません。ですが、この局面であえてファンとの結びつきを再確認した彼女の態度が圧倒的な説得力を有していたのは、我々がこの一年を通じてジャスティン・ビーバーの熱烈なファンである「ビリーバー」（ジャスティンのファンの総称）としてのビリーの姿を目の当たりにしてきたからでしょう。

『エレンの部屋』出演時のジャスティンのサプライズ出演どっきり（実際にはジャスティン本人は出てこなかった）、コーチェラ・フェスティバルでの初対面、そして「bad guy」リミックスバージョンでのコラボ実現。その都度ひとりの熱狂的なファンと化して身悶えし狼狽するビリーの素の表情を、彼女のファンダムがどう受け止めているかは想像に難くありません——「ビリーも私たちと同じファンガールなのだ。きっと彼女は私たちの良き理解者でいてくれるだろう」

　そんな暗黙の信頼関係があらかじめ成立していたからこそ、今回ビリーが大舞台から発したメッセージは途轍もなく大きな意味を持ちます。2020年2月にニューアルバム『Changes』をリリースしたジャスティン・ビーバーはApple Musicの『Beats 1』（現『Apple Music 1』）のインタビューでビリーについて触れ、「若くしてデビューした自分にとって右も左もよくわからない音楽業界にいるのは本当につらいことだった。ビリーには僕と同じような経験をしてほしくない。ビリーが望めば僕はいつだって彼女の助けになる」と涙ながらに吐露しましたが、きっとビリーのファンの多くはこのふたりの絆にある種の理想や希望を見出しているのではないでしょうか。

ジャスティン・ビーバーのポスターが貼られた部屋での写真がジャケットとしてデザインされた、ビリー・アイリッシュ「bad guy (with Justin Bieber)」（2019年）

アリアナ・グランデへのリスペクト

> *「アリアナがこの賞を受賞するべきだと思うんだけど、どうです?」(ビリー)*
> ──*最優秀アルバム賞受賞スピーチより*

　ジャスティン・ビーバーと同じく15歳の若さで芸能界デビューしたアリアナ・グランデには自身の境遇を重ね合わせることも多いのでしょうか、ビリーは以前から機会あるごとに彼女へのリスペクトを表明しています。

> *「アリアナはまさに王様のような存在。彼女が成し遂げたことは本当に素晴らしいと思う。正直言って、アリアナほどリスペクトしている人がほかにいるかどうかわからないぐらい」*

　ビリーは昨年末に『Billboard』主催のウーマンオブザイヤーを受賞した際も前年の同賞受賞者であるアリアナに触れて「もしも誰かと人生を交換できるのならアリアナがいい。自分の口からあんなすごい声が出てきたら……想像できる?」と興奮気味にコメントしていたほどです。

　そんなビリーはグラミー賞のノミネート発表直後の2019年11月、イギリスのラジオ番組でのインタビューにおいて今回のグラミー賞授賞式でのスピーチの布石になる発言を残しています。彼女は主要4部門にノミネートされただけで光栄に思っていること、自分が受賞できるとは思っていないことを述べると、近年のアリアナの活動に最大級の賛辞を贈りました。

「今度のグラミー賞ではアリアナがたくさん受賞してほしい。あれだけのつらい出来事(自身のコンサートを襲った爆破テロ、元恋人マック・ミラーの死、ピート・デヴィッドソンとの婚約解消)を経験したにもかかわらず、それを乗り越えてステージに立つなんて私には想像もできない。しかも短期間で2枚もアルバムをつくって、それが両方とも最高の仕上がりなんだから。本当に彼女はすごい」

こうした経緯からも明らかですが、最優秀アルバム賞はアリアナの『thank u, next』こそふさわしいのでは、と会場に問い掛けたビリーのスピーチは別に照れ隠しから出た巧言のようなものではまったくありません。その思いはきっと、やや困惑気味のビリーに大きな投げキッスで応えたアリアナ自身がしっかりと受け止めたはずです。

私の曲はハグだと思ってる

> 「このアルバムは悲しみや自殺思考、気候の変動やバッドガイでいることなどについて書きました。そしてここにいま、戸惑いながら感謝をして立っています」（フィネアス）
> ——最優秀アルバム賞受賞スピーチより

ビリーがデビュー・アルバム『When We All Fall Asleep, Where Do We Go?』で主題としていたこと、特にフィネアスが最優秀アルバム賞受賞時のスピーチで触れたようなことは、この一年のビリーの社会活動などを通してより広く伝わっていった印象があります。

まず昨年5月、ビリーはメンタルヘルスで悩む人々をサポートする団体『Seize The Awkward』の公共広告に出演。自身のうつ病体験を赤裸々に語りましたが、これはまさに自らのうつ病との闘いを題材にしたアルバム収録曲「listen before i go」の歌詞に基づくものでした。

> 「"心の健康を大切にしよう"と言われると、周りの人々はすでにそう対処してるものだと思ってしまう。でも、それは大きなまちがい。私の場合にしても、まだ自分が大丈夫でいられるかを模索している途中なんだから。あと、助けが必要だからといっても決してあなたは弱いわけじゃない。誰かに助けを求めることは弱さとは関係ない。必要なときは"助けて"って言えるほうがいいし、誰かが助けを求めているなら手を差し伸べてあげてほしい。別にいきなり神妙な面持ちで切り出さなくてもいい。ただ普通に"最近調子どう？　大丈夫？"って話しかけるだけでもいいと思う」

こうしたテーマは「listen before i go」に限らず、たとえば自己嫌悪と向き合う「bury a friend」、抗不安剤の名前をタイトルに冠した「xanny」とも関連してくる話であり、ゴールデン・ゲート・ブリッジから投身自殺する夢に着想を得たアルバム未収録のシングル「everything i wanted」（2019年11月リリース）もまた然りでしょう。ビリーは「listen before i go」について「これはうつ病と、それに伴うあまり良くない結果について歌った曲。でも、この曲を聴いて落ち込んでほしくない。私からの精神的なハグになったらいいと思ってる」とコメントしていたことがありますが、これは彼女がApple Musicの『Beats 1』のインタビューで語ったアルバム『When We All Fall Asleep, Where Do We Go?』全体を覆うコンセプトにも通底しています。

> 「若いリスナーにとっての私の曲はハグだと思ってる。落ち込んだり死にたくなったり、自暴自棄になったりするのは悪いことだって言う大人もいる。でも、自分と同じくらい最悪の気分になってる人間がいることがわかるだけでもだいぶ慰められるんじゃないかな。なんか癒されるんだよね」

私たちはまだ死にたくない

また、ビリーは環境問題にも積極的に取り組んでいて、ワールドツアーでは気候変動への問題意識を促すブース『Billie Eilish Eco-Village』をすべての会場に設置。加えて非営利団体の『Global Citizen』とパートナーシップを結び、運動に参加することでコンサートに無料で招待するキャンペーンを行うプランも発表しています。

そんなビリーが地球温暖化について歌ったメッセージソングが「all the good girls go to hell」です。この曲のミュージックビデオは天使（?）と化したビリーが石油の流出で汚染された街に落下するシーンから始まるショッキングな内容になっていますが、これを彼女は2019年9月23日の国連気候行動サミット開催に合わせて発表。同時に彼女はスウェーデ

ンの環境活動家、グレタ・トゥーンベリが呼び掛けた気候変動のための
ストライキへの賛同を自身のInstagramを通じて表明しています。

この件について、ビリーは『NME』のインタビューで「年寄りはい
ずれ死ぬから世界がどうなろうと知ったこっちゃないんだろうけど、私
たちはまだ死にたくない」とコメント。さらに次のように続けています。

> 「SNSを見ていると"なんで飛行機を利用してる奴が環境問題について
> あれこれ言えるんだ?"みたいな投稿をよく目にするけど、"私が黙っ
> ていれば満足? 誰もなにもしなくてそれでいいの?"って思っちゃう。
> 私がやっていることは完璧とはいえないし、私には変えられないことだ
> ってある。でもだからこそ、多くの人々にメッセージを伝えたい。私は
> できる限りのことをしたいし、みんなもできる限りのことをしてほしい」

ビリーが『When We All Fall Asleep, Where Do We Go?』に託し
た数々の訴えは、こうしてアルバムリリース以降の活動によって強調さ
れていったようなところがありますが、そういえばグラミー賞最優秀楽

「all the good girls go to hell」ミュージックビデオ
(ビリー・アイリッシュ公式YouTubeチャンネルより)

曲賞に輝いたに輝いた「bad guy」も思わぬ場で使われてその威力を存分に発揮しています。

それは、シャーリーズ・セロン、ニコール・キッドマン、マーゴット・ロビーが主演を務める映画『スキャンダル』の予告編。FOXニュースの創立者で元CEOのロジャー・エイルズのセクシャルハラスメントに対する女性職員の告発を描いた映画の内容を踏まえると、タフガイを気取って女性を支配しようとする男をあざ笑う「bad guy」の引用は実に痛快です。アンセムというものは、こうしてつくられていくのでしょう。

『スキャンダル』(2019)。原題の『Bombshell』には「爆弾」「衝撃的なニュース」「セクシーな女性」などの意味がある。

> 心地がいいの／あなたに支配されている関係が／私はあなたのものじゃないって／たとえあなたが気づいても／その役を演じさせてあげる
> ──「bad guy」より

初出：『uDiscoverMusic.jp』2019年2月21日公開の記事 加筆

混迷するアメリカに帰ってきた
不屈のカントリーバンド

ザ・チックス「March March」

14年ぶりのカムバック

　全世界での作品の総売り上げは3000万枚以上、グラミー賞での受賞数は13回に及ぶなど、すべての音楽ジャンルを含めて「最も成功をおさめた女性グループ」として知られるテキサス出身の3人組カントリーバンド、ディクシー・チックス。そんな彼女たちが6月25日、突如「ザ・チックス」(The Chicks) と改名して新曲「March March」を発表しました。これはチックスにとって実に14年ぶりのアルバム『Gaslighter』からの先行シングルです。

　この「March March」は5月25日、ミネソタ州ミネアポリスで無抵抗の黒人男性ジョージ・フロイドが白人警官によって殺害された事件を

受けて世界規模で拡大している抗議運動「Black Lives Matter」への連帯を表明したプロテストソング。チックスは11月のアメリカ大統領選を見据え、この曲のミュージックビデオを通じて人々に行動を起こすこと、つまり投票することを促しています。

ザ・チックス
『Gaslighter』（2020年）

　チックスが2020年に再始動することはジョージ・フロイドの事件が起きる前、彼女たちが客演したテイラー・スウィフトのアルバム『Lover』がリリースされた2019年の初夏にはすでに決まっていましたが、アメリカが大きく揺れているこのタイミングで3人が強力なプロテストソングと共にカムバックしてきたことにはなにか運命めいたものを感じてしまいます。というのも、かつてチックスは保守派の共和党政権を批判したことから激しいバッシングを浴びて音楽業界から完全に干された過去があるからです。

大統領がテキサス出身であることを恥じている

　ことの発端は、2003年3月10日。この日開催されたチックスのロンドン公演中、当時イラク侵攻の計画を進めていたジョージ・W・ブッシュ大統領に対してメンバーのナタリー・メインズが「私たちは現大統領が同郷のテキサス出身であることを恥じています」と彼の政策を批判したことがきっかけでした。

　このナタリーの発言をイギリスの『Guardian』紙が報じると、アメリカの保守メディアとカントリーミュージックのマーケットを支える保守層／共和党支持者は一斉にチックスを攻撃し始めました。アメリカ最多の1300以上のラジオ局を所有するクリア・チャンネル社は彼女たちの楽曲をブラックリストに登録してオンエアを全面的に拒否すると、CDの廃棄キャンペーンを率先して展開。なかにはチックスのCDを集めてトラクターで破壊するステーションも現れました。これと並行して一部のアンチによるチックスのボイコット運動も徐々に過激化し、ライブの妨害や彼女たちの住居の破壊にまでエスカレート。その憎悪はメンバーの家族にも向けられ、しまいには殺人予告が送りつけられるという最悪の事態に及んでいます。

　チックスのブッシュ批判とそのバックラッシュをめぐる顛末は、テイラー・スウィフトのNetflixドキュメンタリー『ミス・アメリカーナ』(2020年)

ドキュメンタリー
『ミス・アメリカーナ』（2020年）

でも描かれています。チックスを「非国民」「裏切り者」「ディキシーの尻軽女」などと口汚く罵る保守派のコメンテーター、そして彼女たちのCDやマーチャンダイズを踏みつぶすアンチ化した民衆。その映像にはテイラーのこんな独白がオーバーラップしてきます。「カントリーシンガーとして政治への口出しは厳禁。レコード会社からはチックスを反面教師にしろと言われてきた」

つまりここでは、テイラーがなかなか政治的スタンスの表明に踏み切れなかった大きな理由としてチックスの一件が引き合いに出されているのです。「歴史の正しい側に立っていたい」と民主党支持／トランプ批判を決意するテイラーに対して「正直に言って恐怖を感じる。装甲車が必要だ」とつぶやく彼女の父スコットの危惧は、チックスが受けた熾烈なバッシングを知る者であれば杞憂として片付けることはできないでしょう。保守層に支えられたカントリーのアーティストの政治発言は、これだけの大きなリスクを伴うのです。

困難を跳ね除けて勝ち取ったグラミー賞

もっとも、チックスはこうした圧力や弾圧に屈することなく終始毅然とした態度をとり続けました。そして、2006年になるといよいよ彼女たちは反撃を開始。レッド・ホット・チリ・ペッパーズ（Red Hot Chili Peppers）やメタリカ（Metallica）などを手掛けた重鎮リック・ルービン（Rick Rubin）をプロデューサーに迎え、一連の騒動に対する思いのたけを歌ったアルバム『Taking the Long Way』（「長い道のり」「遠回りをして」の意）の完成に漕ぎ着けます。これを受けてアメリカの『TIME』誌は表紙に「Radical Chicks」との見出しを掲げてチックスを大特集。3人はインタビューにおいて改

めてブッシュ批判を鮮明にすると共に、心からの謝罪と引き換えにオンエア禁止を解除するというラジオ局の要求に「自分自身を変えることなんてできない」ときっぱりノーを突きつけました。アルバムからの先行シングルとしてヒットした「Not Ready to Make Nice」は、まさにそんなチックスの決意表明であり闘争宣言といえる内容になっています。

許す／いい響きね／忘れる／そんなことはできそうにもない／彼らは時間がすべてを癒してくれるというけれど、私はいまだに待ち続けている／疑いのなかをくぐり抜けてきた私にとって、はっきりさせなくちゃいけないことなんてもうなにもない／私は代償を払い続けてきたし、それはこれからも続いていく／冷静になんてなれない／引き下がるつもりもない／私の怒りはまだ到底おさまらないし、無駄なことに付き合ってる時間なんてまったくない／いまさら態度を正そうなんて遅すぎる／できたところでやらないだろうけどね／だって私の怒りは一向におさまることがないんだから／あなたたちが望んでいるようなことは私にはできそうにない／あなたは言っていたよね／もうおしまいにしないかって／でも私を取り巻く世界はまるで変わってしまった／それも結構気に入っているよ／ベッドを整えて、赤ん坊のように眠る／なんの後悔もしていないし、この際だから言わせてもらう／母親が自分の娘によく知りもしない他人を憎むよう仕向けるなんて本当に悲しい話／いったいなにがどうなったら私の言葉が誰かを傷つけるというの？／奴らはこんな手紙を送りつけてきた／ただ黙って歌ってろ／じゃなきゃお前らは一巻の終わりだ

ディクシー・チックス
『Taking the Long Way』（2006年）

『Taking the Long Way』はラジオからの満足なサポートこそ得られませんでしたが、そんな悪条件を跳ね除けて全米アルバムチャートで堂々の初登場1位を獲得。翌2007年に開催された第49回グラミー賞では主要3部門（最優秀レコード賞、最優秀アルバム賞、最優秀楽曲賞）を含む5部門を受賞する快挙を達成しました。登壇してトロフィーを受け取ったナタリーは「皆さんが言論の自由を行使した結果、私たちの受賞が実現しました」とスピーチ。エミリー・ロビンソンは「私たちが直面したさまざまな経験がなかったら、この作品は完成しませんでした。だから、いまはなにも後悔していることはありません」と喜びを語りました。

窮地に追い込まれながらも最後まで信念を貫き通し、その経験に基づいて素晴らしい成果を導き出したチックス。個人的には『Taking the Long Way』のリリース直前、CNNの看板番組『Larry King Live』に出演した際のメンバーのマーティ・マグワイアのコメントが忘れられません。

> 「権力を持つ者に疑問を呈し、異議を唱えることを恐れてはいけない。私は、子供たちにそう教えていきたい。彼らがすることを問い、監視する。それが愛国者です」

なお、このチックスの復活劇は『Taking the Long Way』のリリース直後に公開されたドキュメンタリー映画『ディクシー・チックス シャラップ＆シング』（2006年）として記録されています。「黙って歌ってろ」を意味するタイトルは、先述した「Not Ready to Make Nice」でも引用されたメンバーへの脅迫状からとられたものです。

『ディクシー・チックス シャラップ＆シング』（2006年）バーバラ・コップル監督作。2003年のバッシング騒動から、2007年にグラミー賞5部門制覇の快挙を成し遂げるまでを描く。

あなたたちの声を使ってください

　前置きが長くなりましたが、今回の『Gaslighter』はチックスにとってこの『Taking the Long Way』以来のアルバムとなるわけです。3月には第一弾シングルとして表題曲の「Gaslighter」を発表。タイトルは「誤った情報を故意に与えることによって相手を操作する精神的ハラスメント」を意味する言葉「gaslighting」に基づくもので、これはイングリット・バーグマンが主演した映画版が有名なサスペンス『ガス燈』(1944年)に由来するもの。どうやらナタリー・メインズの元夫である俳優エイドリアン・パスダーに向けた歌のようですが、「#MeToo」ムーブメントの流れを汲むモラハラを扱った内容はいまチックスがカムバックして歌うのにふさわしい題材といえるでしょう。

　そして「Gaslighter」に続くシングルが、「Black Lives Matter」運動の拡大に呼応するようにしてリリースされた「March March」です。「歩め、歩め、私自身のドラムに合わせて／私は私ひとりの軍隊」と繰り返される歌詞で言及されているのは、1979年の**クリーブランド小学校銃乱射事件**（ブームタウン・ラッツの1979年の大ヒット曲「I Don't Like Mondays」のモチーフになった）、2018年のマージョリー・ストーンマン・ダグラス高校銃乱射事件のサバイバーで活動家のエマ・ゴンザレスなど、銃規制問題が中心。そのほか地球温暖化や2018年7月にヘルシンキで行われた**トランプ大統領とプーチン大統領の会談**を糾弾したと思われる部分もありますが、全体としては社会を変えようと立ち上がった若い世代へのサポートを呼び掛ける内容になっています。

●**クリーブランド小学校銃乱射事件**
1979年にカリフォルニア州サンディエゴのクリーブランド小学校で発生した事件。当時16歳の少女だったブレンダ・アン・スペンサーが自宅近くの小学校でライフルを乱射。校長と主任用務員が死亡し、児童8名と警官1名が負傷した。

● **トランプ大統領とプーチン大統領の会談**
2016年のアメリカ大統領選への介入疑惑を否定したプーチンに、トランプが同調。「ロシアの内政干渉があった」とするアメリカの情報機関とトランプのあいだに対立が生じた。

243

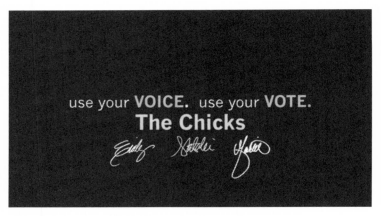

「March March」ミュージックビデオ
（ザ・チックス公式YouTubeチャンネルより）

　チックスが「March March」に託した訴えは、ミュージックビデオを見ることによってぐっと理解が深まるでしょう。まず冒頭に「あなたの言葉に力があるからこそ、彼らはあなたを黙らせようとしているのです」というメッセージが映し出されると、以降は人種差別、警官の暴力、ウーマンリブ、LGBTQ解放、銃規制、環境破壊など、さまざまな社会問題と戦ってきたプロテスターのコラージュ映像に。曲の終盤からは警官の不当な暴力で亡くなった数え切れないほどの黒人の名前が列挙され、最後には再びチックスから「あなたたちの声を使ってください。そして投票に行ってください」とのメッセージが突きつけられます。

　「March March」は曲自体も強烈です。タイトルに打ち出されている通り抗議運動で行進する際に歌われることを想定したようなテンポ感のもと、前半部分は歌を除けばほぼミニマムなヒップホップビートのみ。そこに徐々にスティールギターやバンジョーといったカントリーミュージックを象徴する楽器の音がかぶさってくるという、構成そのものがメッセージとも受け取れる、すさまじい緊張感に貫かれています。プロデュースを手掛けるのはブリーチャーズ（Bleachers）名義でアーティスト活動も行うジャック・アントノフ（Jack Antonoff）。テイラー・スウィフトの

現在のメインプロデューサーです。

私たちはこの時代と向き合いたい

そして「March March」の楽曲と同等、もしくはそれ以上に衝撃だったのが、ディクシー・チックスからチックスへの突然の改名でしょう。ほぼ同時期にはウォルト・ディズニー・カンパニーがカリフォルニアとフロリダのディズニーリゾートの人気アトラクション「スプラッシュ・マウンテン」のテーマ設定を映画『**南部の唄**』（1946年）から『プリンセスと魔法のキス』（2009年）に変更することを発表しましたが、チックスの改名の経緯もまた「Black Lives Matter」に端を発するアメリカの人種差別の歴史の再検証に基づいています。

改名までの流れを簡単に説明すると、まず『Variety』誌に寄稿しているライターのジェレミー・ヘリガーが「"ディクシー"は奴隷制が合法だった時代のアメリカ南部の州を総称する言葉であり、奴隷制のころの南部の伝統に基づく言葉。この2020年に使うものとしてふさわしいものではない」と指摘。チックスは「Black Lives Matter」の台頭も踏まえて、すぐさま改名に踏み切りました。この改名に対するチックス側の公式声明は実にシンプルです。「私たちはこの時代と向き合いたいと思います」

実はチックスが改名を発表する2週間前の6月12日には同じくカントリーのスーパーバンド、レディ・アンテベラムが「レディA」に名前を改めることを発表しています。やはりこれも「Black Lives Matter」の拡大を受けて急遽決断したもので、バンド側は「南北戦争以前」との意

●『南部の唄』（1946年）
ハーブ・フォスター／ウィルフレッド・ジャクソン監督作。南北戦争前のアメリカ南部の農場を舞台に、白人少年と黒人男性の交流（実写）と、男性が話すおとぎ話（アニメーション）を描く。奴隷制が存在した当時にはありえなかった「白人（主人）と対等に接する黒人（奴隷）」という描写が「奴隷制を美化している」として批判を浴び、現在はお蔵入り状態となっている。

味を持ち差別的に受け取られることもある「antebellum」を使用してきたこれまでの無知と無配慮を謝罪。さらに「この数週間で起きた出来事に目を向け、耳を傾けて確信しました。アフリカンアメリカンの人々が直面している不公正や不平等に、私たちの目は大きく開かれました。そして、いままで気づかなかったことに気づき、見えなかったことが見えるようになりました」との声明を発表すると共に「LadyAid」なる基金を設立して慈善活動を続けていくことを表明しています。

　もはや一年後どころか数ケ月後の世界がどうなっているかもわからない、激動の時代を生きていることを強く実感させられるチックスとレディAの改名の動き。この一件は音楽業界に限らず、今後さまざまな方面に影響を及ぼすことになりそうです。

I Can't Breathe 〜もう息がつまりそう
2020年の Black Lives Matter を聴く

ジョージ・フロイド殺害事件

「ジェーン・スー 生活は踊る」（2020年7月10日放送）

ジョージ・フロイドの暴行死

　2020年5月25日にアメリカはミネソタ州ミネアポリスで無抵抗の黒人男性ジョージ・フロイドが白人警官によって窒息死させられた事件を受けて、アメリカ全土、そして世界各地で「Black Lives Matter」と呼ばれる黒人差別と警官の暴力に抗議する社会運動が拡大しています。

　そして事件から一ケ月。ジョージ・フロイドの死と「Black Lives Matter」運動にインスパイアされた新しいプロテストソングが次々とリリースされています。ちょうど6月19日が奴隷解放記念日（ジューンティーンス）だったこともあり、そこに合わせて曲をつくったアーティストが多かったようです。5年前に「Black Lives Matter」が台頭したときと比較すると、今回は普段社会的／政治的メッセージソングとは縁遠いラッパーやR&Bシンガーも積極的に抗議の声を上げている印象。そんな状況がまた事態の深刻さを物語っているともいえますが、今日はそれらのなかからR&Bの作品を中心に5曲紹介しましょう。

あといくつの命が必要なんだ？

　まずは2枚のアルバムを全米チャートの首位に送り込んだ実績がある2010年代のR&Bシーンを代表するシンガー、トレイ・ソングス（Trey Songz）が6月5日にリリースした「2020 Riots: How Many Times」。これは今回の事件を受けてつくられた有名アーティストのプロテストソングとしては非常に速かったアクションのひとつです。

代表曲の「I Invented Sex」（2009年）に象徴的ですが、トレイ・ソングスはもともと過激な性描写を含むラブソングによって人気を博したシンガー。そんな彼がいち早く今回の事件に反応を示したことには驚きもありましたが、デビュー間もないころからラッパー的なフットワークの軽さを持ち合わせていた歌手でもあるので納得のリアクションともいえると思います。歌詞はこんな内容です。

トレイ・ソングス
「2020 Riots: How Many Times」（2020年）

胸に詰まったものを少し吐き出させてくれ／厳しいときだがみんなが踏みとどまっていることを祈ってる／きっと大丈夫になるさ／いままでもそうだっただろ／でも、俺がいま考えていることを聞いてほしい／どれだけ多くの母親が泣く必要があるんだ？／何人の兄弟が死ななければならないんだ？／あと何回？／あと何回？／デモを何回やればいい？／いくつのプラカードが必要？／あといくつの命が必要なんだ？／あと何回？／周りをよく見るんだ／カラーが見えないなんて言わせない／奴らが俺の仲間を殺すとき、決まってそれを正当化しようとする／いつものことだ／公園で遊んでいても、ジョギングをしていても、自宅のソファに座っていても、なにをしていようとお構いなしだ／あんたは俺たちの命に意味がないと思っているようだが、当然俺たちの命にだって意味はある／街が燃えていると大騒ぎするくせに、黒人が殺されたときは黙っているだけ／埋葬した肉体から魂を引き上げよう／もう大丈夫、神のもとで安らかにしてくれ／こんな言葉を歌にするのはとてもつらい／すべての美しく貴重な黒人たちの命／無意味な白いプライドの名のもとに失った

命／目から涙が流れてくる／なんで黙っていられるのか教えてくれ／訴えを聞いてもらえない者たちの叫びが暴動だってわかっているだろ／お前たちから受ける仕打ちはいつだって暴力だ／声を上げようとしない人々も奴らと同じだ／黒人たちが殺されたとき、その怒りはどこに向かっていた？／俺たちは奴隷じゃない／俺たちを自由にしてくれ／時が来たんだ／俺たちが立ち上がる姿をよく見ておけ

あの行為はコロナウイルスよりも病んでいる

　続いては、2014年にデビューしてすでに三度のグラミー賞受賞経験を持つラッパー／シンガーのアンダーソン・パーク。彼が6月19日に発表したシングル「Lockdown」です。この曲はサビで「ダウンタウンに行くべきだ／民衆は立ち上がった／だが、ロックダウンだと思っていたのに奴らは発砲して弾丸が飛び交った／ロックダウンだなんて誰が言った？／冗談じゃない」と歌われているように街で抗議活動を行っているプロテスターの視点から歌われています。歌詞の一部を紹介しましょう。

アンダーソン・パーク
「Lockdown」
(2020年)

時間はすべてを癒すことができるが、いまはそんな時間も残っちゃいない／裁判官は時計塔から俺たちを監視している／催涙ガスで俺たちを追い払ったつもりでも、次のラウンドは防護服で身を固めて戻ってくるさ／俺たちが抗議活動をしていたら突然炎が上がったんだ／群衆のなかに紛れたスパイを探し出せ／秩序の崩壊だなんて言っていたわりにはよく寝ていたみたいじゃないか／殴り倒されてる人々の悲鳴を聞きたくないからか？／黒人が殺されたときは黙っているくせに、暴動が起きたら特権で守られた場所からでかい声で意見する／ジョージ・フロイドをコンクリートに押しつけたあの行為は、コロナウイルスよりも病んでいる／そういえばコロナウイルスはどうなった？／略奪が起こってるって？／本当はなにが起こってるのか教えてくれよ／知らないのかって？／黒人の命をペーパータオル同然に使い捨てる奴らに言われたくない／失業率が4000万人を超えたらしいじゃないか／白昼堂々と殺人を犯しても裁判にかかることすらない／昔の南部の奴隷たちのように、俺たちはただ鎖を断ち切りたいだけなんだ／デモはカリフォルニアのノースエンドで始まって、いまではダウンタウンでも起こっている／警察の鎮圧部隊が動き出したようだ／さぁ、対決が始まるぜ／今度は**1992年の暴動**とは違う／新しいルールで行くんだ／俺はゴム弾で撃たれたが、奴らの言う通りに止まる必要なんてない

　これは明らかに従来のプロテストソングとは一線を画すアプローチといっていいでしょう。まるで現場の最前線からのレポートのような生々しさと切実さ。そのあたりはビリー・アイリッシュの「bad guy」（2019年）、テイラー・スウィフトの「ME!」（2019年）、ケンドリック・ラマーの「Humble」（2017年）などを手掛けたデイヴ・メイヤーズの製作によるミュージックビデオを見るとより理解が深まると思います。

● **1992年の暴動**
1992年4月末から5月初頭にかけて起こった「ロサンゼルス暴動」のこと。

肌の色ではなく私たち自身を見て

　3曲目は去年今年と2年連続でグラミー賞5部門ノミネートの快挙を達成したR&Bシンガー、H.E.R.の「I Can't Breathe」。これも6月19日にリリースされたシングルです。「I Can't Breathe」は「息ができない」という意味ですが、これは「Black Lives Matter」運動のプラカードなどにもよく使われている言葉です。

　この「I Can't Breathe」というフレーズがなにに由来しているのかというと、警官の蛮行によって殺害された黒人男性たちの断末魔です。2014年のスタテン島のエリック・ガーナー、そしてこの5月のミネアポリスのジョージ・フロイド。いずれも映像に残されていますが、ふたりとも警官に首を締めつけられながら何度も「I can't breathe」と命乞いしながら亡くなっていきました。そういうなかにあって、アメリカ社会の閉塞感や息苦しさを表す黒人たちの叫びとして「I can't breathe」という言葉が使われるようになった経緯があります。では、ちょっと長いですが曲の大意を紹介します。まずは前半の歌のパートから。

H.E.R.
「I Can't Breathe」（2020年）

● 私には黒人の友達がいる
（I have black friends）
「自分にはマイノリティの友人がいる（だから差別主義者ではない）」という主張は、レイシストが自らの差別意識を正当化する際の常套句として認識されている。このレトリックは「黒人」をほかの人種やマイノリティに置き換えることでも用いられる。

息ができない／私の命が奪われていく／誰か私のために戦ってくれる？
／平和を叫びながら戦争が始まった／すべての腐敗、不正、同じ犯罪／
常に問題なのは戦うべきか戦わざるべきか／いずれにしても私たちは死
んでいく／同じ権利なんて持っていない／なぜ降伏する男に銃を向ける？
／彼女を守るためになにをすればいい？／私たちがみな同等であること
に同意するなら、なぜちゃんと悪を見定められないの？／お互いを愛し
てもいないのに、どうすればうまくやっていけるのか／希望と共感はど
こに？／色をどうやって識別してる？／このシステムは私たちが敵対す
るようにつくられている／変わるために祈ろう／痛みはあなたを優しく
する／思い起こすことを拒むように並べられたすべての名前は、誰かの
兄弟であり友達であり、泣いている母親の息子だった

そして、ここからが後半のポエトリーリーディングのパートになります。

いつだって試練を味わっている／心と体と人権の破壊／血統を剥奪され、
鞭で打たれ、牢屋に閉じ込められる／これがアメリカの誇り／大量虐殺
を正当化している／略奪と流血を美化することで自由の国アメリカは創
られた／自由の地で生まれた黒人の命を奪い、公民権のための非暴力の
戦いに銃口を向ける／罪のない命を奪うトリガーを引くのに鈍感なのは、
そもそもそうやって私たちがここに連れてこられたから／この傷は弾丸
よりも深く体に刺さる／特権を持つ立場から差し出された手は、世代か
ら世代へと受け継がれてきたこの痛み、恐怖、不安に届くのだろうか／
平等とは直感を働かせる必要なく歩けること／我々を守ってくれるはず
の者たちが殺人者と同じユニフォームを着ている以上、革命はテレビに
映らない／メディアの認識がニュースのヘッドラインと共に閉ざされた
心の喉に押し込められる／そして、何世代にもわたる覇権が無知で特権
的な視点をつくり出す／同じ空気を吸って同じ血が流れているというのに、
それでも同じ人間であることがわからないのか／私たちの信心深さに感
謝すべきだ／求めているのは復讐ではなくて正義／もう恐怖は乗り越え
た／「**私には黒人の友達がいる**」みたいなたわごとはもううんざり／そ
の高い意識とやらを検証して差別を消し去りたい／こんな不快な話を金

> が詰まったポケットに突っ込むのはむずかしいだろう／私の家系図にぶ
> ら下がっている奇妙な果実を飲み込むのと同じように／すべての人々は
> 神の目のもとに平等に造られていると厚かましく言うけれど、そのくせ
> 肌の色を理由に人を侮辱する／色が見えないなんて言わせない／私たち
> を見るときは肌の色ではなく私たち自身を見て／もう息がつまりそう

　一部の歌詞について説明すると、ここでは有名な2曲のプロテストソングのフレーズが引用されています。まず「革命はテレビに映らない」という一節は「黒いボブ・ディラン」の異名をとる詩人のギル・スコット・ヘロン（Gil Scott-Heron）の代表作「The Revolution Will Not Be Televised」（1971年）から。そして「奇妙な果実」は伝説的ジャズ歌手、ビリー・ホリデイが歌った「公民権運動の起源」と言われる名曲「Strange Fruit」（1939年）から。後者は白人からリンチを受けて虐殺された黒人が見世物のように木に吊るされた情景を歌ったもので、つまりここでH.E.R.が歌う「My family tree」は「家系図」の意味でもありかつて黒人が吊るされた「私の家の木」でもあるわけです。

僕はただ生きたいだけ

　4曲目は、12歳のゴスペルシンガー、キードロン・ブライアント（Keedron Bryant）の「I Just Wanna Live」。こちらも6月19日にリリースされた彼のデビューシングルです。

　現在大きな話題を集めている「I Just Wanna Live」のヒットは、ジョージ・フロイドが亡くなった翌日の5月26日、キードロンがInstagramに投稿したアカペラ動画がそもそものきっかけ。母ジョンネッタが事件にインスパイアされて書いた詩を力強く歌い上げた彼のボーカルを、バラク・オバマ前アメリカ大統領、プロバスケットボール選手のレブロン・ジェイムズ、歌手のジャネット・ジャクソン（Janet Jackson）、音楽プロデューサーのドクター・ドレーらが賞賛。SNSで拡散されていったのです。

　それによって、キードロンはあれよあれよという間にワーナーとメジャー契約。くだんのアカペラにビートを加えて改めてリリースしたのがこのシングルです。歌詞の一部を紹介しましょう。

> 僕は黒人の若者／一人前になるためにできる限りのことをしている／でも周りを見渡してみると、仲間たちがどんな目にあっているのかがわかる／毎日のように、まるで狩りの獲物のように追われている／別にトラブルを起こしたいわけじゃない／もう十分に苦労を重ねてきた／僕はただ生きたいだけ／神様、どうか僕を守ってください／たくさんの考えが頭のながをめぐる／僕は生き残れるのか、それとも死んでしまうのか／いつまでも不平等が続いていく／どこにいたって安全な場所はない／多くを求めてるわけではないんだ／主よ、お助けください

　まだ12歳の少年が、こんな歌を歌わなくてはいけない厳しい現実があるわけです。

キードロン・ブライアント
「I Just Wanna Live」（2020年）

変えようがないものまで見えてしまった

　最後はR&B界のスーパースター、全世界で作品の総売り上げが1億枚を超えるアッシャー（Usher）の「I Cry」。これは6月26日にリリースされたシングルです。このアッシャーも基本はセクシーなラブソングを歌ってきたセックスシンボル的な存在ですが、今回こうして初の本格的なプロテストソングをリリースしました。歌詞はこんな内容です。

　もう抑えることができない／普段は感情を表に出すタイプではないけれど、事態が一向に良くならないから／これだけ目をしっかり見開いていれば、もう見て見ぬ振りはできない／困難や痛みが見える／その先に生まれた混乱が見える／もはや変えようがないものまで見えてしまった／これを言葉にするのは心が痛む／泣いている／父親のいない息子のために、彼らの母親が内に抱えた深い痛みのために／戦おう／私たちがつくる未来のために／向き合えばきっと変わるはず／そうしなければこの涙が乾かないから／鏡と向き合ったとき、そこに他人を気遣う者が見えるだろうか／シスターやブラザーより、自分のことだけを愛していないだろうか／答えは出てこない／語られない真実のため、破られた約束のため、あなたのそばにいる／戦おう／夢を見なくなったひとたちのために／そしてもう信じることができなくなったひとたち、あなたは決してひとりじゃない／あなたの痛みを感じている

アッシャー
「I Cry」（2020年）

　以上、2020年の「Black Lives Matter」運動から生まれた5曲。先ほ
とアンダーソン・パーク「Lockdown」の際にも触れましたが、今回
取り上げた曲はすべてミュージックビデオがつくられています。各アー
ティストが曲に託したメッセージの理解をより深める意味で、ぜひ映像
と併せて鑑賞してみてください。

PLAYLIST

#18 グラミーは生まれ変わった？ 問われる「多様性と包括性」

Childish Gambino - *This Is America* *(2018)*

The Carters - *Apeshit* *(2018)*

Kacey Musgraves - *High Horse* *(2018)*

Kacey Musgraves - *Rainbow* *(2018)*

Dua Lipa - *New Rules* *(2017)*

Dua Lipa - *IDGAF* *(2017)*

Cardi B - *Money* *(2018)*

Brandi Carlile - *The Joke* *(2017)*

Aretha Franklin - *(You Make Me Feel Like a) Natural Woman* *(1967)*

#19 アメリカ文化のターニングポイント ビヨンセがコーチェラで表現したこと

Beyonce - *Lift Every Voice and Sing* (Live) *(2019)*

#20 私たちの誇りを示そう テイラー・スウィフト、勇気の決断

Taylor Swift - *You Need to Calm Down* *(2019)*

#21 全米チャート最長1位記録更新 「黒人カウボーイ」が突き進んだ道の先

Lil Nas X - *Old Town Road feat. Billy Ray Cyrus* *(2019)*

Lil Nas X - *Old Town Road (Seoul Town Road Remix) feat. RM of BTS* *(2019)*

Blanco Brown - *The Git Up* *(2019)*

#22 なぜルールが変えられないのかわからない アメリカ銃社会に抗議するメッセージソング

Madonna - *God Control* *(2019)*

Sage - *Safe feat. Kesha and Chika* *(2018)*

Neil Young - *Ohio* (Live) *(2018)*

#23 美しさの価値や基準は自分で決める リゾが提唱するボディポジティブ運動

Lizzo - *Truth Hurts* *(2017)*

Lizzo - *Juice* *(2019)*

Lizzo - *Like a Girl* *(2019)*

TLC - *Unpretty* *(1994)*

おわりに

2020年5月27日。ビリー・アイリッシュは自身のYouTubeチャンネルとInstagramでショートフィルム『NOT MY RESPONSIBILITY』（私の責任ではない）を公開。彼女の服装や身体を中傷する**ボディシェイマー**に反論した。

> 「私のことを知ってる？　本当に？　あなたには意見がある。私の考え、私の音楽、私の服、私の身体に対して。私の着ている服を嫌いな人がいる。褒める人もいる。それを他人を傷つけるために使う人もいる。私を傷つけるために使う人もいる。でも私は見られている。いつも。人の目にさらされないものはなにもない。だから私はあなたの視線、あなたの不安、あなたの安堵のため息、それを気にしながら生きていくことになれば、もう身動きがとれなくなる。私に小さくなってほしい？　それとも弱くなってほしい？　柔らかく？　背が高く？　私に黙っていてほしい？　私は肩で挑発してる？　それとも胸で？　あとお腹？　お尻？　私が生まれもった身体はあなたが望むものではないの？　もし私が着心地のいい服を着ていたら、私は女ではないのか。露出したら、尻軽なのか。あなたは私の身体を見たことがないのに、いまだに批判する。そして決めつける。どうして？　私たちは人のことをあれこれ推測する。ボディサイズで勝手に決めつける。どんな価値がある人かを決めつける。私がたくさん着たら、私が露出したら。誰が私のことを決めるの？　それってどういうこと？　私の価値はあなたがどう思うかで決まるの？　私に対するあなたの意見なんて、私の責任じゃない」

5月29日。ドナルド・トランプ大統領が5月25日の**ジョージ・フロイド殺害事件に抗議する人々への発砲を示唆**したことを受けて、テイラー・スウィフトは自身のTwitterを更新。トランプへのメンション付きで彼を厳しく非難した。

> 「大統領に就任してからずっと白人至上主義や人種差別の火を煽ってお
> いて、自分のほうがモラルのあるふりをして暴力で脅すなんてどういう
> 神経？ "略奪が始まれば銃撃が始まる"って？ 私たちは11月の選挙
> で必ずあなたを落選させる」

　5月30日。ビリー・アイリッシュは自身のInstagramに長文のメッセ
ージを投稿。「Black Lives Matter」運動に反発する人々への苛立ちを
露わにした。

> 「もしこれから"aLL LiVeS maTtEr"（すべての命が大切）と言ってくる白人
> がひとりでもいたら、私はマジで頭がおかしくなる。誰もあなたの命が
> 大切じゃないなんて言ってない。誰もあなたの人生がたいへんじゃない
> なんて言ってない。そもそも、あなたのことなんて誰も話してない。あ
> なたたちって、いつだってなんでも自分たちの問題にすり替えてしまう。
> これはあなたについてのことじゃない。だから、なんでもかんでも自分
> のことにして語るのはやめて。あなたは助けが必要なわけじゃないし、
> 危機にさらされているわけでもない。あなたの好き嫌いにかかわらず、
> あなたは特権を受けているの。あなたがただ白人であるというだけで、
> 社会から特権を与えられているの。もちろん、それでも貧乏になること
> もあるかもしれないし、苦労することもあるかもしれない。でも、だと
> してもあなたはその肌の色で自分が思っている以上に特権を得ているの。

● ボディシェイマー
人の体型について「太っている」「痩せている」などと言って中傷する人のこと。
「body shaming＝ボディシェイミング」は人の体型に対する中傷のことを指す。

● トランプ大統領による発砲の示唆
トランプ大統領は自身のTwitterでジョージ・フロイド殺害事件の抗議デモの参加者を「ごろ
つき」（Thugs）と呼び、そこに「州兵を送り込む」と書き、さらに「略奪が始まれば、銃撃
が始まる」と警告した。

● All Lives Matter
Black Lives Matter運動を批判するために使用されるスローガン。この「すべての命が大切」
というメッセージは一見すると正論に思えるが、実際には人種差別を矮小化しており、「黒人
の命が不当に奪われている」と告発するBlack Lives Matterの主張とは論点がズレている。
ビリー・アイリッシュの「aLL LiVeS maTtEr」という表記は原文ママ。

それがあなたをほかの誰よりも優れた存在にしていると言っているわけ
じゃない。でも、あなたは生きていくうえでなんの心配もすることなく
生活ができているの！　その肌の色のおかげでね！　もしすべての命が
大切だと言うのなら、なぜ黒人はただ黒人であるというだけで殺される
の？　なぜ移民は迫害されるの？　なぜ白人にはほかの人種では得られ
ない機会が与えられるの？　なぜ白人は半自動小銃を持って外出禁止の
抗議運動をすることが許されるの？　なぜ黒人は無実の人間の殺人に対
して抗議しているだけで悪党呼ばわりされなくちゃいけないの？　なぜ
だかわかる？　それが白人のクソ特権だから。白人の特権はヒスパニッ
クに影響してる？　ネイティブアメリカンには？　アジア人には？　もち
ろん、100000000000000％影響してる。私たちは何百年にも及ぶ黒
人差別に取り組まなくちゃいけない。スローガンの #blacklivesmatter
は、ほかの命は大切じゃないと言ってるわけじゃない。これは黒人の命
を大切にしていない社会の事実について注意を引くためのものなの！
黒人の命は大切だということ。黒人の命は大切。黒人の命は大切。黒人
の命は大切。さあ、もう一回言ってみて」

　6月5日。アリアナ・グランデ、ドレイク、ザ・ウィークエンド、リル・
ウェイン（Lil Wayne）、ニッキー・ミナージュらを擁するユニバーサル・
ミュージック・グループ傘下のリパブリック・レコーズは、「Black
Lives Matter」運動の拡大を受けて黒人差別的とされる「アーバン」と
いう単語を自社内の役職名や部署名、音楽を表す言葉として使うことを
禁止すると発表した。これに追随するようにして、10日にはグラミー
賞を主宰するレコーディングアカデミーも来年度の式典から「アーバン」
の使用を取りやめることを発表。「最優秀アーバンコンテンポラリーア
ルバム部門」は「最優秀プログレッシブR&Bアルバム部門」に改めら
れることになった。

　6月10日。リゾは自分の体型を批判してくるボディシェイマーに対し
て、自身のTikTokにワークアウト動画を投稿して反論した。

「ここ5年間、私はずっとワークアウトを続けているの。あなたたちのなかには驚く人もいるかもしれないね。言っておくけど、別に私はあなたたちの理想の体型になるためにワークアウトしているわけじゃないから。自分が理想とする体型を手に入れるためにワークアウトしているの。どんな体型だと思う？　そんなことはあなたたちの知ったことじゃない。だって私は美しいし、強いし、仕事をするし、その仕事を続けているんだから。もし "ケールスムージーを飲んでる" とか "マクドナルドを食べてる" とか "ワークアウトをしてる" とか、そういうことで他人を判断して批判したくなったら自分自身を見つめ直して自分の体型の心配をしてみたら？　健康は外見で決まるんじゃなくて、内面が問われるものでもあるの。内面をリフレッシュする必要のある人がきっと大勢いるはず。ナマステ。良い一日を」

　6月12日。リル・ベイビー（Lil Baby）は「Black Lives Matter」運動の抗議デモに参加した体験を綴ったプロテストソング「The Bigger Picture」をリリース。全米チャートで初登場3位にランクインする自身最大のヒットになった。

ちくしょう、俺は最前線に立ってる／銃の列のほうに行ったらぶっ放されるぞ／嵐が過ぎ去ったあとは晴れるって決まっているんだ／いざというときにはこの戦いに加わっていかないといけない／息子たちにはみんなモンスターに育ってほしい／娘たちも全員が社会に出て活躍してほしい／この国はおかしな方向に向かっているようだが、守るべきもののために立ち上がらなくてはいけない／この曲だってそのためにつくったんだ／目に入るすべての映像が脳裏に焼きつく／力がみなぎってきた／声を上げていかないと／悪徳警官は俺が生まれ育った街でも問題になっていた／でも、すべてが奴らのせいと言ったら嘘になる／流行ってるからこんなことをやっているんじゃない／別に誰かの真似しているわけでもない／法に楯突いたことはたくさんある／人々が人々のために声を上げる／誇りに思うよ／力を合わせれば奴らを倒せるんだ／俺も殺しやコカインについてラップしないとは言えないが、それでも若い連中には投票

267

リル・ベイビー
「The Bigger Picture」（2020年）

に行ってほしい／俺がやらかしてしまったのは選択肢も希望もなかったから／もう悪事に手を染めるしかなかったんだ／こんなのがクソだってみんなわかってるけど、もうそろそろ変わらなくちゃ／真剣に取り組むときがきたんだ／駆け引きをしている場合じゃない／もううんざりなんだよ／鎖から解き放ってくれ／犠牲になった人々すべてに神のご加護を／これは黒人白人云々を超えたもっと大きな問題／生き方の問題なんだ／とても一晩で変えられるようなことじゃない／でも、いつかは始めなくちゃいけない／ここから始めればいいじゃないか／マジでひどい一年だったよ／俺が生きてるうちにはなんとかしたい／俺は神しか畏れないんだ

7月17日。アメリカにおける公民権運動の中心的な指導者で下院議員のジョン・ルイスが膵臓がんのため死去した。80歳だった。7月30日の葬儀の日にはルイスが亡くなる直前に執筆した手記が『New York Times』紙に掲載され、葬儀では俳優のモーガン・フリーマンによって朗読された。

「エメット・ティルは私にとってのジョージ・フロイドであり、**レイシャード・ブルックス、サンドラ・ブランド、ブレオナ・テイラー**でした。エメット・ティルが殺害されたのは、彼が14歳のときでした。当時まだ15歳だった私は、彼の身に起こったことが自分にも簡単に起こり得ると理解した瞬間を、決して忘れません。当時、その恐怖は架空の牢獄のように私たちを拘束し、理解できない理由で残虐行為を受けるかもしれないという思考が、潜在的な鉄格子になっていました。

今日の多くの若者がそうであるように、私は出口を探していました。もしかしたら、探していたのは入口だったのかもしれません。そんなとき、古いラジオからマーティン・ルーサー・キング・ジュニア牧師の声が聞こえてきました。彼は、非暴力の哲学と規律について話していました。彼は私たちが不正を容認するとき、私たちはみな共犯であると言いました。彼は、いつか良くなるだろうと言うだけでは十分ではないと言いました。彼は、私たちひとりひとりが立ち上がって自分たちの意見を発言する道徳的な義務があると言いました。あなたがなにか正しくないことを見たとき、あなたは声を上げなくてはいけないと言いました。そして、なにかをしなければならない、と。

私はもう皆さんとこの世界に長くはいられないかもしれませんが、あなたの心の神の呼び掛けに応えて、あなたが本当に信じるものに立ち向かうことを願っています。私は自分の人生において、平和、愛、非暴力がより優れた方法であることを示すためにできる限りのことをしました。今度は、皆さんが自由の鐘を鳴らす番です。

未来の歴史家が21世紀の物語を書くためにペンを手に取ったとき、憎しみの重荷をようやく捨て去ったのは皆さんの世代であり、最終的に平

● **レイシャード・ブルックス殺害事件**
2020年6月12日にジョージア州アトランタで発生した事件。黒人男性レイシャード・ブルックスがレストランの外に車を停めて眠っていたところに「車がドライブスルーの通路をふさいでいる」と通報を受けた警官が現れた。ブルックスがスタンガンを手にしたため、警官がブルックスに発砲。彼は出血と臓器の受傷が原因で死亡した。

● **サンドラ・ブランド死亡事件**
2015年7月、テキサス州で「交通違反の取り締まり中に警官に反抗した」として逮捕された黒人女性サンドラ・ブランドが、留置施設の独房の中で死亡した事件。彼女の死について、当局は「自殺とみられる」と説明している。ブランドが犯した交通違反は、車線変更の際にウィンカーを出さなかっただけであった。

● **ブレオナ・テイラー殺害事件**
2020年3月13日、黒人女性ブレオナ・テイラーがケンタッキー州ルイビルの自宅アパートで恋人と一緒に寝ていたところ、押し入ってきた警官に銃で撃たれて死亡した事件。警察は麻薬捜査の一環としてテイラーのアパートに踏み込み、彼女の恋人に発砲されたと主張。しかし、麻薬捜査の対象者はその時点ですでに身柄を拘束されており、警察の情報が不正確であったことがわかっている。

和は暴力や戦争に勝利したと言わしめましょう。だから皆さん、風とブラザーとシスターと共に歩き、平和の精神と永遠の愛の力をあなたの導きとしてください」

7月30日。ビリー・アイリッシュは新型コロナウイルス禍で自粛生活が始まったころに書いたという新曲、「私は自分の未来に恋してる。未来の自分に会うのが待ちきれない」と歌う「my future」を発表。併せてファンに向けてメッセージを公開した。

「いま未来はすごく不確かで、クレイジーに思える。でも、だからこそ力を注ぐ心構えが必要だと思う。自分たちの未来に希望を持って、楽しみに思えるようにしたい。私は、未来が私たちの手のなかにあるということを自分に言い聞かせるようにしている。すべての人々にとって、そして地球そのものにとってもより良い世界にするために、できる限りのことをしたいと思っている。だから私たちは勉強し続けて身の回りでなにが起こっているかを理解しないといけない。前を見て正しいと信じたことのために闘わないといけない。投票をしないといけない。地球を守らないといけない。黒人の人権のために闘わないといけない。私たちは、より良くなっていかないといけない。未来を変えられるかどうかは私たち次第。私たちのためだけではなくて、未来の世代のために。みんなが安全で、健康でいられることを祈っている。マスクを着けて、水を飲んで。そして希望を持ち続けて」

ビリー・アイリッシュ
「my future」（2020年）

著者

高橋芳朗 Yoshiaki Takahashi

1969年生まれ、東京都港区出身。音楽雑誌の編集者を経て
フリーの音楽ジャーナリスト／選曲家に。TBSラジオ「ジェーン・スー 生活は踊る」「アフター6ジャンクション」「荻
上チキ・Session-22」などに出演しているほか、国内外の
アーティストのオフィシャル取材や公式ライナーノーツ執筆
も担当。近著は『生活が踊る歌 TBSラジオ「ジェーン・スー 生活は踊る」音楽コラム傑作選』(駒草出版)。

ディス・イズ・アメリカ
「トランプ時代」のポップミュージック

発行日	2020年9月25日　第1刷発行
著者	高橋芳朗
編者	TBSラジオ
編集・構成	三浦修一(スモールライト)
装丁	石島章輝(イシジマデザイン制作室)
校正	会田次子
編集協力	室井順子(スモールライト)
発行者	中村孝司
発行所	スモール出版

〒164-0003　東京都中野区東中野3-14-1 グリーンビル4階
株式会社スモールライト
電話　03-5338-2360
FAX　03-5338-2361
e-mail　books@small-light.com
URL　http://www.small-light.com/books/
振替　00120-3-392156

印刷・製本	中央精版印刷株式会社